Tarô Psicológico
Para Iniciantes

Corinne Morel

Tarô Psicológico Para Iniciantes

Como Utilizar a Sabedoria do Tarô de Marselha
para Conhecer a Si Mesmo e os Outros
– Com Instruções e Métodos Práticos e Rápidos –

Tradução
Karina Jannini

Editora Pensamento
SÃO PAULO

Título do original: *ABC du Tarot Psychologique*.
Copyright © 2009 Éditions Grancher.
Copyright da edição brasileira © 2018 Editora Pensamento-Cultrix Ltda.
1ª edição 2018.
2ª reimpressão 2021.

Todos os direitos reservados. Nenhuma parte deste livro pode ser reproduzida ou usada de qualquer forma ou por qualquer meio, eletrônico ou mecânico, inclusive fotocópias, gravações ou sistema de armazenamento em banco de dados, sem permissão por escrito, exceto nos casos de trechos curtos citados em resenhas críticas ou artigos de revista.

A Editora Pensamento não se responsabiliza por eventuais mudanças ocorridas nos endereços convencionais ou eletrônicos citados neste livro.

Editor do original: Michel Grancher

Ilustrações: D. R.

Editor: Adilson Silva Ramachandra
Editora de texto: Denise de Carvalho Rocha
Gerente editorial: Roseli de S. Ferraz
Preparação de originais: Danilo Di Giorgi
Produção editorial: Indiara Faria Kayo
Editoração eletrônica: Join Bureau
Revisão: Luciana Soares da Silva

Dados Internacionais de Catalogação na Publicação (CIP)
(Câmara Brasileira do Livro, SP, Brasil)

Morel, Corinne
  Tarô psicológico para iniciantes: como utilizar a sabedoria do tarô de marselha para conhecer a si mesmo e os outros: com instruções e métodos práticos e rápidos/Corinne Morel; tradução Karina Jannini. – São Paulo: Pensamento, 2018.

  Título original: ABC du tarot psychologique.
  ISBN 978-85-315-2030-3

  1. Cartomancia 2. Esoterismo 3 Tarô 4. Adivinhação 5. Magia 6. Ocultismo 7. Parapsicologia 8. Tarô I. Jannini, Karina. II. Título.

18-17122 CDD-133.32424

Índices para catálogo sistemático:
  1. Tarô: Artes divinatórias: Ciências esotéricas   133.32424
  Iolanda Rodrigues Biode – Bibliotecária – CRB-8/10014

Direitos de tradução para o Brasil adquiridos com exclusividade pela
EDITORA PENSAMENTO-CULTRIX LTDA., que se reserva a propriedade literária desta tradução.
Rua Dr. Mário Vicente, 368 – 04270-000 – São Paulo – SP
Fone: (11) 2066-9000
http://www.editorapensamento.com.br
E-mail: atendimento@editorapensamento.com.br
Foi feito o depósito legal.

*Dedico este livro
a todos os meus alunos, passados, presentes e futuros.*

Sumário

Introdução 9
Apresentação do livro 21

Primeira parte
Aspectos teóricos
O Tarô de Marselha 25
Reconhecendo suas projeções 35
    O Mago 41
    A Papisa 47
    A Imperatriz 55
    O Imperador 61
    O Sumo Sacerdote 67
    O Enamorado 73
    O Carro 81
    A Justiça 87
    O Eremita 95
    A Roda da Fortuna 103
    A Força 111

O Pendurado 117
O Arcano XIII 125
Temperança 131
O Diabo 137
A Casa de Deus 145
A Estrela 153
A Lua 161
O Sol 169
O Julgamento 177
O Mundo 185
O Louco 191

Segunda parte
Aspectos práticos
Métodos e instruções do tarô psicológico 199
A gestão da consulta 205
A linguagem do tarô 213
A tiragem da personalidade 251
A tiragem das estratégias 261
A tiragem das causas 269
A ponta de diamante 279
A tiragem relacional 297

Conclusão 307

Introdução

Acredita-se que o tarô, precipitadamente classificado entre as artes ocultas, não convive em harmonia com a psicologia, que reivindica uma racionalidade irrepreensível. De minha parte, não dou por certa a irracionalidade selvagem do tarô nem a racionalidade tranquilizadora da psicologia. Faço uma abordagem racional do tarô e considero que os significados das lâminas não são arbitrários, mas estão contidos nelas próprias e são codificados segundo uma chave simbólica universal. Quanto à psicologia, por se tratar de uma disciplina interpretativa, ela abre espaço para a subjetividade e tem, por fim, sua parte de irracionalidade.

Desde muito cedo associei essas duas disciplinas. Apaixonada pelo simbolismo e pelo esoterismo, empenhei-me no estudo e na prática do Tarô de Marselha. Juntamente com minhas pesquisas nesse campo, iniciei um percurso universitário. Ao cabo de quatro anos de estudo, defendi uma dissertação sobre a relação entre o Homem no Tempo e o pensamento mágico no século XX,* perante uma banca de psicólogos, etnólogos e psicanalistas.

Após a obtenção de meu diploma universitário, continuei a combinar a tarologia e a psicologia tanto na minha atividade de autora quanto na minha atuação como formadora. Essas duas "ciências humanas" se enriquecem mutuamente. No meu ponto de vista, o que importa é que ambas têm o mesmo objetivo: o conhecimento de si mesmo. Visam a uma compreensão do ser humano e dos mecanismos conscientes e inconscientes que constituem a base da dinâmica das decisões e ações individuais e coletivas.

No entanto, muitos veem no tarô apenas um instrumento divinatório que permite "predizer o futuro". Isso é desconhecer o tarô e negar sua dimensão fundamental.

A filosofia das artes divinatórias tradicionais

Antes de tudo, as artes divinatórias tradicionais, como o Tarô de Marselha, a astrologia ocidental ou oriental, ou ainda o I Ching, têm caráter esotérico. Seu principal objeto é o conhecimento de si mesmo, e não a utilização premonitória. Situam-se em uma filiação iniciática e simbólica e visam a favorecer a evolução espiritual do adepto. Com efeito, sua dimensão divinatória é secundária. De resto, é uma atitude tipicamente contemporânea e ocidental reduzi-las apenas a seu aspecto

---

* Dissertação publicada pelas edições Grancher com o título: *La Voyance autrement* [A vidência sob outro ponto de vista].

prático. Na definição original, a arte divinatória é um suporte à introspecção. Ela convida a pessoa a buscar a luz dentro de si.

Para alguns tão antigas quanto a humanidade, as artes divinatórias pertenciam no princípio aos sábios e aos homens da ciência (foi o caso, sobretudo, da astrologia durante vários séculos). Os consulentes não eram outros senão os soberanos, os nobres e os abastados. Sua utilização se democratizou aos poucos, ampliando-se ao grande público. Essa popularização trouxe uma vulgarização, que se produziu em detrimento da qualidade. Isso se mostra verdadeiro particularmente em nossas sociedades, que privilegiam a eficácia e a rentabilidade. O desejo do consulente é obter respostas para seus questionamentos com rapidez e facilidade, além de aliviar da maneira mais econômica possível suas angústias e incertezas.

Segundo a tradição, as artes divinatórias não respondem a nenhum fatalismo. Portanto, não se trata de descobrir por meio delas um destino qualquer, e sim de iluminar as construções conscientes e inconscientes de cada um. Sua filosofia ensina que o ser humano é artesão de sua própria vida. Seu objetivo é dar ou devolver a cada um a possibilidade de ser dono de sua própria existência.

Em geral, os consulentes sentem que sofrem os acontecimentos, que são as vítimas infelizes de uma sorte injusta, os peões impotentes de um destino implacável. Esse sentimento está ligado ao não reconhecimento do seu próprio poder e à ignorância da lei da causalidade. Essas pessoas irão procurar sua vida no tarô, na astrologia ou na vidência, como se sua existência já estivesse determinada, completamente traçada, inscrita de maneira indelével. Uma demanda que, em princípio, os profissionais não têm condições de satisfazer. O objeto de uma consulta não pode ser dar respostas fáceis às questões difíceis.

Em sua busca por conforto mental, muitas vezes o indivíduo prefere as falsas certezas às verdadeiras incertezas. Entretanto, a missão das artes divinatórias não é manter a pessoa na submissão, na incompreensão e na ignorância, mas fazer com que ela chegue ao domínio e ao conhecimento. Assim, descobrir o futuro não é fazer magia, mas apenas fazer surgir os frutos de um trabalho subterrâneo. O futuro deriva do presente, do mesmo modo como o presente deriva do passado. Nessa medida, cada um conhece inconscientemente seu futuro pois o traz dentro de si. Mesmo sendo ignorado, o futuro germina em cada um.

Para o profissional, a descoberta do outro (seu passado, seu presente e seu futuro) não é algo mágico nem irracional, mas se baseia na extração e no afloramento de um conhecimento virtual e inconsciente. Desse modo, em uma prática positiva, convém dar à pessoa o sentimento de que seu futuro está em suas mãos, de que ela realmente tem poder sobre sua vida e não deve submeter-se, e sim, dependendo do caso, compreender, agir ou reagir.

O livre-arbítrio e o valor das decisões e das ações

Reconhecer a própria responsabilidade sobre o curso das coisas requer que se trace muito claramente a linha de demarcação entre si mesmo e o outro. Por isso, os exemplos que se seguem são esclarecedores:

Depois que os filhos começaram a ir para a escola, Marianne decidiu voltar a trabalhar. O que está em seu poder:

1) iniciar uma formação;
2) consultar os anúncios de emprego;
3) escrever cartas de apresentação;
4) apresentar-se às entrevistas.

Os limites ao seu poder são:

5) não ter como mudar o contexto econômico que dificulta seus esforços;
6) não poder obrigar alguém a empregá-la.

Se Marianne estiver consciente apenas dos pontos 5 e 6, irá ceder ao fatalismo e considerar que não tem nenhum poder sobre a situação. Nesse caso, irá ignorar os pontos de 1 a 4. Na realidade, ela tem toda uma margem de ação, e não é porque seu poder é limitado que ele não existe.

Nesse exemplo, os pontos 5 e 6, ou seja, as restrições ao poder de Marianne, revelam a própria natureza dos limites. O poder de cada um termina onde começa o do outro – ou o dos outros.

Em uma situação afetiva, essa equação é ainda mais evidente.

Henri e Gabrielle acabam de se separar. Se Gabrielle encarou bem o rompimento, Henri ficou bastante abalado. De fato, ainda ama sua mulher e deseja reatar. O que está em seu poder:

1) mostrar a Gabrielle seu amor;
2) tentar seduzi-la (novamente);
3) questionar-se sobre sua responsabilidade na separação e tentar mudar os comportamentos em causa.

Os limites ao seu poder são:

4) forçar Gabrielle a voltar;
5) obrigar Gabrielle a amá-lo.

O sentimento de fatalidade que Henri poderia nutrir nessa circunstância seria um erro. A situação simplesmente revela a liberdade do outro e lembra ao indivíduo, no caso Henri, que ele não é onipotente, que não é o senhor absoluto.

Nessa perspectiva, pode-se considerar que muitas vezes o fatalismo nada mais é do que a expressão de uma forte presunção, pois nega o poder do outro e repousa no desejo megalomaníaco de querer controlar e decidir tudo.

Portanto, para uma utilização inteligente do tarô, é necessário sair do sistema infantil binário do "tudo ou nada". A realidade nunca é tão simples nem pode ser reduzida a uma equação tão pobre. Na maior parte do tempo, não podemos tudo nem nada. Situamo-nos em uma linha mediana que faz com que, como Marianne e Henri, tenhamos um poder relativo. Daí a considerar que não temos nenhum poder sobre os acontecimentos há um grande passo – que as condutas fatalistas infelizmente levam a dar.

É mais fácil avaliar as chances de sucesso numa tarefa ou, ao contrário, da dificuldade e até mesmo da impossibilidade de realização da tarefa quando estamos conscientes das possibilidades de ação oferecidas e dos limites. Se os limites e os freios ao poder suplantarem de longe as ações oferecidas, talvez o combate seja inútil. No caso contrário, convém agir onde for possível, sem tentar forçar a realidade ou os outros envolvidos na situação, em uma atitude tão presunçosa quanto tirânica.

Objetivo do tarô psicológico

Em relação aos elementos anteriores, o objetivo do tarô psicológico é instruir o consulente a respeito de seu potencial, e não do suposto desenrolar de seu futuro. Portanto, os questionamentos vão passar de "o que vai me acontecer?", formulação fatalista, que não quer assumir a responsabilidade, para "o que posso fazer?", formulação adulta e responsável.

Tomemos o exemplo de um homem que deseja escrever um romance. Se ele perguntar: "Será que vou conseguir?", e a resposta for negativa, irá renunciar a seu projeto e, portanto, não vai conseguir. Essa utilização do tarô – ou de qualquer outro instrumento divinatório – irá desfavorecer o consulente, cortando suas asas e ditando-lhe sua conduta. No tarô psicológico, a questão será: "Por que desejo escrever?", ou ainda: "Como posso ter sucesso em meu projeto de escrita?".

A primeira formulação permitirá analisar seus desejos, seus medos, suas expectativas e evidenciar sua motivação profunda. Se essa motivação for profunda o suficiente, então ele escreverá sem se preocupar com o resultado: seu sucesso será justamente cumprir sua tarefa, e não mais ser publicado, assinar um best-seller ou ser o próximo a receber o Prêmio Goncourt.* No caso contrário, o tarô o levará a interrogar-se sobre seus verdadeiros desejos e, eventualmente, relativizá-los. A segunda formulação lhe dará um esclarecimento sobre suas forças e suas fraquezas, bem como um "método" para levar a cabo seu projeto da melhor maneira.

Outra utilização do tarô psicológico visa à verbalização. Inspirada nas técnicas de projeção, ela permite responder a uma interrogação ou formular um sentimento pela escolha de uma imagem, no caso, de uma lâmina do Tarô de Marselha. Às vezes é difícil e até mesmo impossível exprimir com palavras uma emoção, um sentimento, um desejo ou um medo, e a escolha de uma lâmina oferece a oportunidade de uma mediação. Sem contar que, por se tratar de uma imagem, o inconsciente se revela muito mais do que o consciente. Portanto, o consulente descobre a face oculta de uma relação, de uma situação ou de um problema.

---

* O mais prestigioso e cobiçado prêmio literário da França, criado em 1896 pelo testamento do escritor francês Edmond de Goncourt. (N.R.)

Para resumir, o tarô psicológico permite:

- a análise dos recursos, dos desejos, dos medos, das aptidões e dos bloqueios internos;
- a busca de estratégias, de meios de ação ou de reação;
- a verbalização, que possibilita o afloramento das problemáticas inconscientes.

O consciente e o inconsciente

Por muito tempo, reduzimos a mente apenas ao sistema consciente. No entanto, do ponto de vista da psicanálise, o ser humano abriga em si todo um mundo ignorado, chamado de inconsciente. Em comparação com ele, podemos dizer que o consciente equivale a tudo o que conhecemos e reconhecemos em nós. Em outras palavras, apenas o consciente é conhecido, localizável e diretamente identificável. O que é consciente corresponde ao que pode ser pensado, exteriorizado e, sobretudo, dito de maneira aberta e clara. A capacidade de dizer (verbalizar) é reveladora da qualidade consciente dos conteúdos mentais. Por essa razão, fala-se de representação de palavras.

Se tudo o que pode ser dito, verbalizado e nomeado é consciente, por oposição o que não poder ser dito nem expresso com palavras é inconsciente. Para o inconsciente, fala-se de representação de imagens. É a razão pela qual os sonhos produzidos pelo inconsciente são feitos de imagens, e não de palavras.

Ambos os sistemas podem ser resumidos da seguinte forma:

- o consciente, representação de palavras = o conhecido;
- o inconsciente, representação de imagens = o desconhecido.

Ao aconselhar "conhece a ti mesmo", Sócrates supunha implicitamente o estrangeiro que reside em cada homem. Pela necessidade de se conhecer, o axioma do célebre filósofo induz muito bem à ideia de que o indivíduo vive na ignorância de si mesmo. Conhece-se apenas de maneira parcial, e toda uma parte de si mesmo lhe permanece estranha. Todo indivíduo abriga em si esse estrangeiro: seu inconsciente.

O inconsciente não é inato nem hereditário. Ele se constrói. Forma-se e transforma-se ao sabor da evolução individual. Dizer que o inconsciente se forma historicamente é reafirmar a importância do vivido na elaboração da estrutura psíquica. O inconsciente se estabelece aos poucos em função da história. É na infância e, mais especificamente, na primeira infância que as bases são lançadas. O adulto é uma continuação da criança. Tudo o que ele vive desde a vida intrauterina é marcado, inscrito nele: em seu consciente (lembranças, traços mnésicos conscientes), mas também, e sobretudo, em seu inconsciente.

O consciente é limitado e só pode conter a prodigiosa quantidade de emoções, experiências e afetos percebidos ou vividos durante a história do indivíduo. Suas lembranças se organizarão a fim de evitar uma sobrecarga que levaria à obscuridade e ao caos psíquicos. A memória é obrigada a fazer seleções. Trata-se, portanto, de uma organização por camadas: o que é necessário e utilizável permanece na superfície, na periferia (no consciente) e é acessível ao conhecimento direto, e o que não apresenta interesse imediato é disposto em camadas psíquicas mais profundas, no inconsciente. Todavia, para a psicanálise, a ausência de traços mnésicos se explica sobretudo pelo recalque, ou seja, em função de considerações mais afetivas e psicológicas. Assim, ao longo de toda a vida, o indivíduo "nutre" e preenche seu inconsciente.

O recalque corresponde a uma operação psíquica automática. Não se trata de uma decisão nem de uma ação determinada e consciente, mas de um mecanismo ativado à revelia do indivíduo, sem que ele se dê conta ou perceba. O recalque permite que o indivíduo enterre na parte mais profunda de sua psique, em seu inconsciente, tudo o que constitui uma ameaça a seu bem-estar interno. Assim, permite evitar as tensões muito fortes e, portanto, perigosas.

De fato, o esquecimento, que concerne tanto à realidade como um todo (recalque completo de um desejo, de um medo, de um trauma) quanto a uma parte dela (recalque dos elementos negativos, ligados a uma situação ansiogênica), é apenas uma ilusão. Os afetos negativos não podem desaparecer por mágica; simplesmente são postos de lado. São colocados no inconsciente.

O recalque diz respeito não somente aos afetos dolorosos e desagradáveis, mas também aos pensamentos, aos desejos ou aos atos não realizáveis ou proibidos. Para evitar, em caso de frustração, um estado permanente de tensão, o recalque atua drenando essa energia para o inconsciente. Por conseguinte, a tensão é aplacada de maneira ilusória, pois a quantidade de energia não se esgota externamente, por uma passagem ao ato, mas sempre permanece no lado de dentro. Contudo, no plano consciente, a tensão desaparece. Assim, o desejo não realizado torna-se inconsciente.

Apresentação do livro

O ser humano é complexo, a existência é sutil. Partindo dessa constatação, a interpretação tarológica só pode ocorrer à imagem de quem ela estuda. Essa é a razão pela qual é muito importante compreender que a melhor interpretação que podemos fazer é a que leva em conta:

1) cada lâmina, sua disposição, sua possível inversão;
2) mas também o consulente, sua experiência de vida, sua situação, seu questionamento.

A primeira parte do livro – aspectos teóricos – cobre o ponto 1. Cada lâmina é estudada em profundidade e segundo diversos parâmetros:

– o estudo geral dos elementos simbólicos que fundamentam sua significação;
– o **sentido psicológico** que expõe seu ensinamento;

- o **cenário de vida** que explica em que lado de nossa vida ou de nossa personalidade a lâmina repercute: parâmetro especialmente útil para a linguagem do tarô e a tiragem das causas;
- as **palavras-chave** que permitem sintetizar o essencial de sua significação;
- os **desejos, os medos e os sentimentos**: parâmetro especialmente útil para a tiragem da personalidade e da ponta de diamante;
- as **potencialidades**: parâmetro especialmente útil para a tiragem da personalidade e da ponta de diamante;
- as **estratégias**: parâmetro especialmente útil para a tiragem das estratégias e da ponta de diamante;
- a **divisa**: um provérbio ou uma citação de autor para meditar ou pôr em prática em função da lâmina.

Para o ponto 2, você terá de vincular as interpretações para que elas se correspondam o máximo possível e levem em conta as particularidades da sua personalidade e da sua situação – ou daquelas do seu consulente.

A segunda parte do livro – aspectos práticos – expõe os métodos do tarô psicológico e as diferentes tiragens que elaborei.

Primeira parte

Aspectos teóricos

Estudo aprofundado dos 22 arcanos maiores do Tarô de Marselha

O Tarô de Marselha

Não é necessário utilizar o chamado tarô psicológico para praticar o tarô psicológico. O Tarô de Marselha é perfeitamente adequado. Dentre todos os outros tarôs, este tem a imensa vantagem de ser anônimo – como os mitos fundadores, os contos tradicionais, as cosmogonias – e, portanto, de se inscrever de maneira ideal na exigência de neutralidade das técnicas projetivas. Todos os outros tarôs têm um ou dois autores reconhecidos que, independentemente do que tenham dito, projetaram nas cartas sua própria subjetividade, ou seja, sua visão pessoal de mundo, mas também seus ideais, seus valores e suas angústias.

O Tarô de Marselha, "espelho da alma"

Embora sua gênese seja indeterminada, o Tarô de Marselha apresenta uma iconografia de inspiração medieval e mesclada de símbolos cristãos. Seu ensinamento esotérico é inegável, e seu alcance é iniciático e universal, não reduzido a determinada cultura. De fato, é um conjunto fechado, que permite uma gama infinita de múltiplas combinações. É constituído de elementos isolados, as lâminas ou os arcanos, que assumem uma significação individual, mas também interagem uns com os outros.

É bem verdade que, em uma linhagem iniciática, não faltam comparações dos símbolos do tarô com as escolas religiosas, as artes tradicionais e as diversas correntes esotéricas. De fato, dada a extrema diversidade de sua simbologia, o tarô pode reivindicar diferentes tradições. Entretanto, ao tentar reconhecer sua paternidade, é preciso tomar cuidado para não o encerrar em limites muito rígidos para um instrumento que, ao contrário, pretende ser livre e universal. Seu anonimato, ou seja, o fato de ele não pertencer a um criador conhecido ou reconhecido nem, ao mesmo tempo, a uma corrente de pensamento específica preserva-o de apropriações duvidosas e ilegítimas.

É comum ouvir dizer ou ler que o tarô é "o espelho da alma". Ainda que batida, a frase não deixa de ser verdadeira. Em uma perspectiva microscópica, o tarô contém a história de cada um. Portanto, é o revelador e o espelho da alma. Ao se aventurar nas profundezas dos arcanos, o estudante parte para a descoberta de si mesmo. A vida inteira é expressa neles. Cada cena comum, cada momento importante e cada acontecimento maior figuram na continuidade dos arcanos. O tarô é não apenas a descrição do mundo – tal como faria um pintor talentoso que captasse os detalhes de uma sequência da vida para recriar na tela toda a realidade, o ambiente e, às vezes, a magia do instante. Ele também estabelece o valor existencial da passagem, considerando que a essência se encontra além do fenômeno (nascer, amar, trabalhar, morrer). À luz do tarô, tudo, do insignificante ao essencial, do grosseiro ao sutil, do concreto ao abstrato, assume um sentido, reveste-se de um caráter positivo, organiza-se para fundar a plenitude do ser.

Na linhagem das artes simbólicas, o tarô se fundamenta sobre dois eixos:

– exotérico: o tarô pode ser considerado unicamente sob seu aspecto utilitário (prática divinatória);
– esotérico: o tarô aparece como portador de uma mensagem filosófica e psicológica (instrumento de análise e de conhecimento de si mesmo).

Desse modo, constitui uma escola da vida. Iniciando-se em seus mistérios:

– revela o indivíduo a ele próprio (aspecto mitológico do trabalho: conscientizar-se de seus valores, de seus condicionamentos, de seus limites, descobrir-se, aliviar o inconsciente, CONHECER-SE);
– revela o conhecimento universal (aspecto filosófico e espiritual: entrar em outro nível de consciência, abrir--se para as grandes correntes esotéricas, meditar sobre o sentido da vida, responder às questões existenciais, CONHECER O MUNDO);

– revela os outros (compreender melhor os comportamentos individuais, analisar determinada situação, aliviar as inquietações alheias, CONHECER OS OUTROS).

Leitura simbólica e autoconhecimento

O tarô funciona no registro simbólico. Nesse sentido, inicialmente ele depende da criptografia. Toma emprestado símbolos em sua maioria visuais, mas também se elabora em torno da significação dos números e do valor semântico das palavras.

Tal como o trabalho dos sonhos, descrito por Freud, o trabalho de interpretação consiste em restituir a mensagem latente, contida no material manifesto, o que significa substituir o código do tarô pelo código da palavra.

Penetrar o significado de um símbolo ou de um mito evidencia suas próprias projeções e crenças inconscientes. Além de extrair um conhecimento oculto, a utilidade é dar um sentido, encontrar modelos de identificação e soluções. Os grandes símbolos universais sempre remetem às histórias individuais. Em determinados momentos da nossa vida, todos somos Édipo, Chapeuzinho Vermelho ou Tântalo. Suas experiências e as provas às quais são submetidos também são nossas.

Por essa razão, os mitos, as lendas e os contos de fada estão repletos de símbolos. De resto, a criança, que gosta de histórias tradicionais, utiliza ativamente os instrumentos simbólicos para exprimir ou compartilhar sua vida interna. Esses instrumentos simbólicos são, sobretudo, o jogo criativo e o desenho.

Assim, o que ela não consegue transmitir com palavras – devido à pobreza de seu vocabulário ou da intensidade das emoções sentidas –, diz por meio de seus desenhos ou jogos.

No que se refere à psicologia do adulto, o símbolo também é presente. Elemento central das psicoterapias, de inspiração psicanalítica ou não, a associação livre se baseia na afirmação de cadeias de representações simbólicas, que explicam que uma ideia se encontra real ou psiquicamente ligada a uma segunda, ela própria ligada a uma terceira etc. Desse modo, a representação simbólica inicial gera uma sucessão de representações simbólicas. Ao se entregar ao trabalho de associação livre (também chamado de associação de ideias), o indivíduo remonta à origem da cadeia associativa para chegar à representação original e, portanto, ao desejo reprimido ou ao trauma inicial.

Ao contrário dos conteúdos conscientes, os inconscientes não são representados por palavras, mas veiculados por meio de imagens. No sonho, por exemplo, a liberação dos conteúdos inconscientes pode ser feita sem sofrimento, pois os pensamentos, os desejos ou os sentimentos recalcados são codificados de forma simbólica. De manhã, quando o sonhador se lembra de seus sonhos – o que, de resto, nem sempre acontece –, ele não os entende, acha-os confusos ou absurdos. Às vezes, percebe que um sonho contém um significado importante, mas esse significado não é acessível ao consciente sem interpretação.

Por conseguinte, os símbolos permitem que conteúdos inconscientes se liberem, sem por isso se tornarem conscientes. Isso acontece porque são expressos de forma codificada, cujo sentido exige uma interpretação. Assim, a psicologia reconhece o fato de que muitas vezes utilizamos símbolos de maneira perfeitamente inconsciente. Embora o ignoremos, todos trazemos dentro de nós esse conhecimento arcaico que une o individual ao coletivo. Como resultado, o conhecimento dos símbolos abre caminho para o conhecimento do próprio inconsciente e das próprias atividades.

No que se refere ao mesmo tema simbólico, duas breves experiências são reveladoras do conhecimento e da utilização inconsciente dos símbolos:

1) Uma das técnicas da associação livre consiste em pedir a uma pessoa que associe espontânea e rapidamente uma ideia a outra. A técnica é destinada a revelar os vínculos inconscientes, ou seja, as cadeias de representação. Aplicada ao vermelho, a associação mais frequente, para não dizer a mais sistemática, é o sangue. Ora, o sangue é uma significação simbólica essencial do vermelho. Há outras coisas que são vermelhas (o tomate, a papoula, o morango, a cereja etc.), mas têm uma correspondência simbólica com o vermelho bem menos forte do que o sangue. A palavra induzida (sangue) com base na palavra indutora (vermelho) revela a universalidade do conhecimento e, portanto, sua função unificadora, mas também a ressonância inconsciente que os símbolos nunca deixam de produzir. Ao se fazer o mesmo trabalho com uma palavra comum, desprovida de valor simbólico, o resultado será totalmente diferente,

e as palavras induzidas terão grande diversidade. Por exemplo, o termo "lápis" poderá induzir associações variadas, como "caneta", "escrita", "escola", "papel" etc.

2) Uma técnica divertida consiste em submeter uma pessoa a uma série de perguntas simples, mas repetitivas. Pode-se perguntar a ela "quanto é 3 × 4?", depois repetir "3 × 4?", intercalando alguns "4 × 3?" em uma cadência constante, durante um minuto. Ela responde de maneira rápida e automática: "Doze". Sempre no mesmo ritmo, conclui-se a experiência pedindo-lhe para citar uma cor. Em geral, sua resposta será: "Vermelho".

Esse segundo "teste" faz a demonstração inversamente ao alcance inconsciente dos símbolos. A pessoa fica muito nervosa com esse questionário repetitivo e rápido. Por isso, evoca a cor que melhor traduz seu estado de irritação, a saber, o vermelho. É claro que ela não tem consciência da relação psíquica. Não escolhe a resposta. É seu inconsciente que se exprime, dando o elemento simbólico que melhor reflete a emoção sentida. Nesse caso, o vermelho significa cólera, é sinônimo da expressão verbal "chega!" ou "pare!". O "pare" que, justamente, é vermelho, como o semáforo que nos manda parar.

A vida cotidiana está sempre nos convidando a interpretar símbolos, alegorias ou metáforas. A substituição de uma imagem por uma ideia, o sonho, o cinema e as mensagens publicitárias são outros exemplos desse jogo perpétuo de codificação-decodificação. Com efeito, a dimensão simbólica é onipresente e parte integrante de nossa vida, muitas vezes sem que percebamos. Em sua origem, o símbolo estava intimamente ligado às crenças e aos sistemas de representação religiosos. Se seu caráter sagrado e esotérico tende a desaparecer, o objeto simbólico, eterno e onipresente permanece e é utilizado para fins profanos. A mãe interpreta as manifestações sonoras e gestuais do bebê – suas mímicas, seus gritos, seu olhar etc. – e lhe atribui uma significação. Entrega-se a uma tradução que exprime sinais (choro) em palavras (por exemplo: "Ele está com fome"). Com a imagem sugestiva, a publicidade brinca com essa capacidade de interpretação.

Poderíamos estender as referências ao infinito, pois, de maneira consciente ou não, o indivíduo opera continuamente essa atividade de decodificação.

Por certo, na presença de um símbolo, em primeiro lugar manifestam-se as percepções subjetivas, depois as referências culturais e, apenas em último lugar, aparece a realidade objetiva do objeto.

Como ilustração do modo como costuma se estabelecer a análise, tomemos a cor preta:

> 1) a percepção subjetiva e individual: "Não gosto de preto porque me dá medo" (essa sensação pode estar ligada a uma experiência, um trauma ou um acontecimento particular);
> 2) as referências culturais: "O preto é triste, é a cor fúnebre em meu país";
> 3) a realidade objetiva: "O preto é a noite, a escuridão".

Os pontos 1 e 2 se referem à subjetividade da pessoa, pois o que é válido para uma pessoa ou sociedade não o é para todas as pessoas ou sociedades. Alguém pode gostar de preto por achar uma cor elegante (ponto 1), e algumas culturas não vinculam o preto à morte porque nelas a cor fúnebre é o branco, como na China (ponto 2). Essas duas atitudes nos colocam no domínio da percepção projetiva. Apenas a terceira leitura do preto se revela objetiva e, portanto, universal: o preto é a escuridão para todos e em todas as épocas. É com base nessa verdade universal que temos acesso ao valor simbólico do preto.

Essa decomposição em três tempos – desvelar sua percepção individual, estudar o símbolo em função de sua cultura e chegar, por fim, ao verdadeiro significado objetivo, essencial e universal do símbolo – explica em que sentido a interpretação dos símbolos provém do conhecimento de si mesmo. Pois a descoberta do sentido infere a identificação anterior das projeções pessoais, a conscientização de sua subjetividade e, portanto, por meio da busca de neutralidade, o desaparecimento do vínculo com pontos de vista individuais e culturais, para então se abrir a uma consciência universal. A leitura dos símbolos convida constantemente a esse trabalho sobre si mesmo.

A escolha das cartas

O Tarô de Marselha compreende 78 cartas, mas apenas os arcanos maiores são utilizados no tarô psicológico. Os menores têm sua importância, mas não são suficientemente visuais ou "falantes" para favorecer as projeções.

As 22 lâminas maiores do Tarô de Marselha

I	O Mago	XII	O Pendurado
II	A Papisa	XIII	O Arcano sem nome
III	A Imperatriz	XIIII	Temperança
IV	O Imperador	XV	O Diabo
V	O Sumo Sacerdote	XVI	A Casa de Deus
VI	O Enamorado	XVII	A Estrela
VII	O Carro	XVIII	A Lua
VIII	A Justiça	XVIIII	O Sol
VIIII	O Eremita	XX	O Julgamento
X	A Roda da Fortuna	XXI	O Mundo
XI	A Força		O Louco

Reconhecendo suas projeções

Antes de começar o estudo das lâminas e a prática do tarô psicológico, é útil analisar suas próprias projeções. Mesmo que você já conheça os arcanos maiores do Tarô de Marselha, reserve um tempo para observar cada lâmina e anotar suas impressões.
Para cada carta, as três tabelas a seguir lhe permitirão exprimir:

- a emoção ou o sentimento que ela inspira em você;
- o significado que, de maneira espontânea ou segundo suas leituras ou pesquisas anteriores, você atribui a ela;
- a pessoa real ou fictícia com a qual você a identifica.

Preencha as tabelas rapidamente (trinta minutos no máximo para a totalidade do exercício), sem cálculo nem análise prévia. Para cada escolha, tente colocar apenas uma palavra.

Preencha as tabelas na ordem, deixando um espaço em branco quando nada vier após alguns segundos. Você poderá voltar a esses espaços em seguida e ver se consegue preenchê-los.

Para o parâmetro "identificações", você poderá tomar qualquer pessoa: real, fictícia, histórica ou contemporânea, viva ou morta, célebre ou que faça parte do seu ambiente. No entanto, não deixe de colocar um nome. Por exemplo, não escreva "um professor", mas "o senhor Martin" (seu professor de geografia no quinto ano). Evidentemente, você poderá reconhecer-se em um arcano e anotar "eu". Ou ainda identificar a mesma pessoa em várias lâminas.

Em seguida, em função de seu aprofundamento no estudo, a análise de suas projeções lhe permitirá observar a evolução de sua relação com os arcanos. Por outro lado, desse modo as sensações muito subjetivas – e, portanto, com frequência muito distantes do significado simbólico da lâmina – poderão ser identificadas e corrigidas. Por fim, esses dados poderão adquirir sentido à luz da linguagem do tarô.

Lâminas	Emoções, sentimentos
O Mago	
A Papisa	
A Imperatriz	
O Imperador	
O Sumo Sacerdote	

Lâminas	Emoções, sentimentos
O Enamorado	
O Carro	
A Justiça	
O Eremita	
A Roda da Fortuna	
A Força	
O Pendurado	
O Arcano XIII	
Temperança	
O Diabo	
A Casa de Deus	
A Estrela	
A Lua	
O Sol	
O Julgamento	
O Mundo	
O Louco	
O Mago	
A Papisa	
A Imperatriz	

Lâminas	Emoções, sentimentos
O Imperador	
O Sumo Sacerdote	
O Enamorado	
O Carro	
A Justiça	
O Eremita	
A Roda da Fortuna	
A Força	
O Pendurado	
O Arcano XIII	
Temperança	
O Diabo	
A Casa de Deus	
A Estrela	
A Lua	
O Sol	
O Julgamento	
O Mundo	
O Louco	

Lâminas	Identificações
O Mago	
A Papisa	
A Imperatriz	
O Imperador	
O Sumo Sacerdote	
O Enamorado	
O Carro	
A Justiça	
O Eremita	
A Roda da Fortuna	
A Força	
O Pendurado	
O Arcano XIII	
Temperança	
O Diabo	
A Casa de Deus	
A Estrela	
A Lua	
O Sol	
O Julgamento	
O Mundo	
O Louco	

O Mago

A primeira lâmina do Tarô de Marselha põe em cena um rapaz em pé, com os pés afastados. A posição do personagem indica a atividade a ser realizada. O Mago é um ator, não um espectador. Ele tem de participar plenamente de sua existência. Em contrapartida, os pés afastados produzem imobilismo e indecisão.

Seu chapéu em forma de lemniscata (oito alongado) evoca o espírito aberto do personagem. O verde o coloca em relação com as forças da natureza e lhe confere uma mente pura, justa, sensível e receptiva.

A mesa cor de carne indica que o trabalho do Mago deve ser efetuado no plano humano. O fato de ela ter apenas três pés pode ser interpretado como a instabilidade da posição do

Mago, destacando que os começos são sempre incertos. O três remete igualmente ao aspecto sagrado da Trindade e, nessa perspectiva, tem como efeito "sublimar" a obra do personagem. Essa mesa é muito mais do que uma simples bancada de trabalho. Ela representa o Universo em sua totalidade, pois traz as quatro energias constitutivas do Mundo, que também encontramos na série de lâminas menores: os denários (Terra), os bastões (Fogo), as taças (Água) e as espadas (Ar).

O número 1, dado ao Mago, evoca a criação, o nascimento, a vinda ao mundo. O um também exprime unicidade, o todo, a completude. O Mago se conscientiza de sua condição de homem, que é fundamentalmente a solidão: todo ser vem sozinho ao mundo e o deixa da mesma maneira.

Como primeira lâmina, o Mago abre o tarô e situa o ser humano diante de suas potencialidades, em um caos que ele precisa organizar. A lâmina coloca o indivíduo em posição de sujeito, implicando o trabalho a ser cumprido, por si mesmo, na construção de sua personalidade. Por outro lado, ela encarna a infância em sua função histórica e estrutural: a infância com tudo o que compreende em termos de promessas, mas também de incertezas. Por fim, o Mago é o símbolo da criação e da edificação do eu, ou seja, da personalidade individual.

Sentido psicológico

O arcano I se refere ao nascimento e ao despertar do ser humano. Exprime a riqueza, a diversidade e a multiplicidade dos elementos e dos possíveis caminhos de evolução. Demonstra a necessidade de reconduzir o irregular ao regular, a desordem à ordem, o plural ao singular. O projeto essencial do Mago é a unidade, origem perdida a ser redescoberta.

Outro princípio fundamental está contido no arcano I: o do trabalho. A atividade é necessária para o desenvolvimento do ser humano. Não se trata aqui do esforço árduo e doloroso, mas, antes, da participação fácil e agradável dos ritmos do Universo. O trabalho do homem reflete o da natureza: insere-se em uma ordem de coisas e colabora com a organização e o bom funcionamento do Mundo. A primeira lâmina define a natureza da atividade a ser desenvolvida nos elementos para se construir.

Em sua antologia *O profeta*, Khalil Gibran nos dá uma definição perfeita da obra a ser realizada:

Sempre lhe disseram que o trabalho é uma maldição, e o labor, um infortúnio.

Mas lhe digo que, quando você trabalha, realiza uma parte do sonho mais profundo da terra, que lhe foi atribuída quando esse sonho nasceu.

E, mantendo-se unido ao trabalho, na realidade você estará amando a vida,

E amar a vida através do trabalho significa ser iniciado no mais íntimo segredo da vida.

O Mago convida a meditar sobre seus versos, a não mais considerar o esforço sob seu aspecto constrangedor e penoso, e sim a redescobri-lo em sua dimensão positiva. O trabalho eleva se for amor, rebaixa se for fardo e dor. Diante de sua mesa, como diante de uma bancada de trabalho, o Mago torna-se um artesão da vida, de sua vida. Coloca-se como dono de seu destino, como quem decide seu futuro, como quem forja sua existência. É a positividade de seus atos que contribui para lhe trazer a realização de seu ser.

Cenário de vida

A criança gosta do esforço, de superar a si mesma. Se não fosse assim, não tentaria se alimentar ou se vestir sozinha. Talvez nunca caminhasse. O esforço lhe permite ganhar autonomia. É o esforço que a eleva, não o fato de ser cuidada por alguém. Todo homem traz em si a criança que foi um dia e que lutou para conquistar sua independência, a criança que deu o primeiro passo, que muitas vezes caiu, mas sempre se levantou. É essa criança que ele precisa encontrar. A que exulta quando consegue, depois de muito esforço, levar a colher à boca, equilibrar-se em uma bicicleta ou amarrar os sapatos.

Palavras-chave

Esforço, trabalho, ação, iniciativa, autonomia, infância.

Desejos, medos e sentimentos

Na posição correta: você tem vontade de inovar, criar, lançar-se em novos projetos. Seu desejo de empreender está no nível máximo. Você aspira a renovar sua vida, seu ambiente ou sua pessoa. Seu estado de espírito é positivo. Você tem confiança em sua capacidade de trabalho e em seu poder de realização.

Na posição invertida: você está sem motivação, sem entusiasmo e sem disposição para a ação. Sua falta de projetos, objetivos e ideais o impede de abordar o futuro com confiança. Seu estado de espírito é negativo e "empoeirado". Você sente medo do esforço a ser feito ou dos desafios a serem encarados. Tende a esperar que as coisas cheguem por si mesmas. Tem a sensação de ter envelhecido, de ter sido consumido pela vida.

Potencialidades

Na posição correta: você tem gosto pelo trabalho e pelo esforço. É capaz de tomar iniciativas, de criar e inovar. Sua aptidão para encarar os desafios não deixa dúvidas quanto a isso.

Na posição invertida: você está sem energia e sem força para o combate. Tem pouca capacidade de agir. Poupa-se e cede ao fatalismo, à preguiça e ao ócio. Tem dificuldades reais para assumir o controle de si mesmo ou realizar sozinho seus projetos. De maneira consciente ou não, busca alguém para cuidar de você.

Estratégias

Na posição correta: tenha projetos e objetivos. Seja ambicioso. Recupere seus sonhos de infância. Tome iniciativas. Aja.

Na posição invertida: lute contra a passividade ambiente ou contra sua própria preguiça, multiplicando suas ações e seus esforços. Pare de dar ouvidos a si mesmo. Reaja. Livre-se das ideias preconcebidas, especialmente daquelas relativas à idade.

Divisa

Na posição correta: *Preocupe-se apenas com o ato, nunca com seus frutos. Não aja em função do fruto do ato; tampouco se deixe seduzir pela inação* (Bhagavad-Gita).

Na posição invertida: *A palavra é poeira. Diga-me o que você fez* (Khalil Gibran).

A Papisa

O arcano II do Tarô de Marselha põe em cena uma mulher sentada, trajando um vestido vermelho e coberta com uma capa azul. Nessa imagem, tudo cede à passividade: a polaridade feminina, bem como a posição sentada, que estabelece a Papisa como espectadora, e não como ser ativo e agente.

Os drapeados, dispostos ao redor de sua cabeça, cobrem sua visão e impedem o acesso a outros horizontes. Assemelham-se a antolhos, que a protegem das tentações que poderiam representar as solicitações e distrações externas.

Sua tiara, ricamente decorada, prova que ela pertence a uma função religiosa elevada. Corresponde à tiara pontifical, construída em três níveis, que representam respectivamente os planos físico, psíquico e espiritual. Sai de sua moldura no nível superior, ponto de importância que indica a superação dos limites estabelecidos. Se à primeira vista a Papisa parece fechada, imobilizada em um ambiente austero, na realidade ela é a mais livre de todos os personagens do tarô. Desse modo, demonstra a supremacia do espírito sobre o corpo, a superioridade da mente sobre a matéria no banimento dos limites físicos e externos.

O livro faz referência ao trabalho intelectual, ao aprendizado. A Papisa o toca e, assim, estabelece um contato carnal com o objeto. Em contrapartida, não olha para ele. Está na assimilação, na meditação, na experimentação, muito mais do que na fria leitura, na teoria ou na abstração. Está no conhecimento mais do que no saber.

Em relação à singularidade do nome da lâmina, é interessante indicar que, segundo a tradição popular, uma mulher, a Papisa Joana, teria ocupado o trono de São Pedro sob o nome de João VIII. Por outro lado, no tarô, a Papisa forma uma dupla com o Sumo Sacerdote. De fato, as duas duplas de arcanos maiores do Tarô de Marselha são:

- arcano II (Papisa) + arcano V (Sumo Sacerdote) = VII;
- arcano III (Imperatriz) + arcano IV (Imperador) = VII.

Todavia, o vínculo que une a Papisa ao Sumo Sacerdote é de natureza espiritual e simbólica, pois essas duas lâminas (e, portanto, esses dois personagens) são separados no jogo.

O arcano II glorifica o espírito. Exprime a faculdade transcendente da mente sobre a matéria. O desenvolvimento do homem se estabelece pelo uso criativo do pensamento, no esforço intelectual que visa à compreensão dos grandes mistérios, na vontade de abrir-se e elevar-se. A Papisa encarna o longo trabalho de aprendizagem, o estudo que influi no despertar da consciência, a busca interior que conduz à luz. Quando o corpo não pode agir, o espírito permanece desperto e livre, e nesse aspecto é superior. A Papisa afirma a supremacia da mente, sem limites nem correntes.

Sentido psicológico

A Papisa simboliza principalmente o caminho passivo, ao contrário do Mago, que simboliza o caminho ativo. O Mago corresponde ao mundo manifesto e externo, e a Papisa, ao mundo não manifestado e interno. O Mago age do ponto de vista físico. A Papisa age do ponto de vista mental. Ela é manifestamente passiva. No entanto, se o que faz é invisível, não deixa de fazer alguma coisa. Estuda, aprende, reflete e analisa. Conduz o longo e necessário trabalho de formação e introspecção que preside toda ação bem-sucedida, toda obtenção de um resultado sólido.

Além disso, a Papisa ressalta que a ação mental pode romper, destruir os limites e que, ao fazer isso, ela tem mais força e mais energia do que a ação física. Seu aparente fechamento simboliza o sentimento que todo ser humano pode nutrir quando não é capaz de agir (com suas mãos) sobre uma situação: ele se sente impotente, passivo. No entanto, quando seu corpo está impedido, ou seja, quando está fisicamente incapacitado de interagir com a situação ou o ambiente, sua mente permanece livre. Se a evolução não se pode cumprir na realidade concreta, pode fazer-se em outra dimensão, pela elevação, pela sublimação ou pela superação; eis por que a tiara da Papisa ultrapassa a moldura.

A Papisa também representa a inibição das pulsões por meio das roupas e dos véus que cobrem seu corpo e seu rosto, que escondem sua feminilidade (incluídos os cabelos, associados à sedução e à sensualidade). Até mesmo seu nome, de caráter religioso, contribui para a dessexualização da personagem. A fim de melhor afirmar os valores mentais e espirituais do ser, ela não tem corpo. Em uma perspectiva freudiana, simboliza o superego, instância psíquica da consciência moral que se opõe ao id, reservatório da libido.

Cenário de vida

O arcano II evidencia a fase de aprendizado e se inscreve na continuidade da atividade do Mago. Essas duas lâminas constituem os dois pilares sobre os quais estão apoiados o desenvolvimento e o crescimento do homem. O verdadeiro equilíbrio intervém na realização do corpo e na ação real (Mago), no estudo e no conhecimento (Papisa). Isolada do Mago, a Papisa revela um perigo: o do intelectualismo estéril ou ainda da pura abstração na perda de consciência das realidades.

Além disso, os véus conferem à carta certa austeridade. No que se refere à Papisa, muitas vezes o observador fornece impressões de fechamento e aprisionamento. Porém, o isolamento é necessário ao estudo. Assim, a percepção do arcano II irá variar à medida que o trabalho intelectual parecer agradável ou não ao observador.

Contudo, a Papisa ilustra uma etapa fundamental: a da formação. De resto, trata-se não apenas da assimilação de teorias intelectuais, da integração de uma cultura geral ou mais específica, mas também da formação inconsciente, produto da educação parental, dos modelos socioculturais estabelecidos, do pensamento religioso e moral do ambiente direto. Ela define o condicionamento psicológico e cultural sofrido por todo indivíduo enquanto ele não se conscientizar dessas influências ideológicas e morais, para, eventualmente, delas se desfazer.

Palavras-chave
Estudo, conhecimento, concentração, pesquisa, reflexão.

Desejos, medos e sentimentos
Na posição correta: você sente a necessidade de refletir, de mentalizar. Nutre profundos desejos intelectuais. Tem vontade de aprender, estudar, de se formar ou se informar. Sua curiosidade é saudável e construtiva. Porém, cuidado para não analisar tudo.

Na posição invertida: você sente vontade de agir, de fazer algo concreto, de realizar. Tem a sensação de estar pronto ou de que chegou o momento de passar para a ação.

Eventualmente, redução ou ausência de desejos intelectuais.

Potencialidades

Na posição correta: você está apto a estudar, a se formar e se cultivar. Seu poder intelectual é multiplicado. Atualmente, você se beneficia de uma excelente memória, de uma capacidade de análise sem igual e de uma vivacidade de espírito. Tem uma boa compreensão dos seres e das coisas. Seu julgamento é confiável e prudente. Você é capaz de tirar o máximo proveito de suas leituras ou de seus estudos. Porém, cuidado para não mentalizar tudo, para não se fazer muitas perguntas nem complicar inutilmente a vida.

Na posição invertida: você está pronto para agir, para aplicar suas decisões e realizar seus projetos. É capaz de passar da teoria à prática. Cuidado, porém, com a falta de discernimento, de reflexão e de concentração.

Estratégias

Na posição correta: reserve um tempo para a reflexão. Informe-se antes de se lançar em suas diversas iniciativas. Faça a si mesmo as verdadeiras perguntas e elimine aquelas que não têm razão de ser. Nutra seu espírito e utilize suas faculdades intelectuais para se elevar, encontrar soluções para seus problemas ou para preparar positivamente seu futuro.

Na posição invertida: passe para o ataque. Saia da reflexão ou do estudo para se lançar na ação e na concretização. No entanto, é preciso tomar cuidado com a precipitação. De fato, sua ação corre o risco de se desorganizar e, portanto, de perder eficácia. Cuidado com os erros de avaliação.

Divisa

Na posição correta: *O primeiro passo na busca da felicidade é o estudo* (XIV Dalai Lama).

Na posição invertida: *Saber fazer é fácil, difícil é fazer* (provérbio chinês).

A Imperatriz

O arcano III do Tarô de Marselha põe em cena uma mulher sentada em um trono cor de carne, simbolizando assim o poder exercido no plano humano. O escudo representa o instrumento com o qual a soberana se protege, se defende. A águia ilustrada nele representa o poder, a glória e a força. Cingindo o escudo com o braço direito, a Imperatriz prova que ele lhe é necessário, pois sente-se ou acredita-se vulnerável. Sob sua aparente solidez, ela revela uma falha, uma fragilidade que transparece no próprio ato de se proteger. Em sua mão esquerda, segura seu cetro de maneira negligente, como se seu braço não tivesse força para sustentar seu peso. De fato, o cetro repousa em parte de seu ombro. É constituído do globo encimado pela cruz, simbolizando o céu que domina a terra. Porém, é possível observar uma separação dos dois mundos por uma linha que rompe a continuidade entre o globo e a cruz.

Os cabelos brancos dão à Imperatriz maturidade e experiência. Seu comprimento aumenta a força que já representam. O fato de estarem soltos intervém como uma vontade de afirmação de si. Além disso, os cabelos servem ao desejo de sedução da personagem. A Imperatriz só tem realidade e existência em relação ao exterior. Governar só é possível sob a condição expressa de ter súditos, ou seja, um público. A figura régia deseja não apenas ser temida, mas também solicita a admiração e o amor alheio.

Sentido psicológico

A Imperatriz se articula sobre a noção de poder. Encarna a dimensão noturna e negativa do Imperador (arcano IV). De fato, essas duas lâminas constituem as duas faces da mesma medalha: a autoridade. A Imperatriz não existe por si mesma, mas em relação aos objetos que a cercam e ao título que ela carrega. A perda destes equivaleria ao aniquilamento de sua pessoa. Por conseguinte, ela é apenas uma imagem, um reflexo. Todo o ensinamento iniciático do casal imperial do Tarô de Marselha reside em sua diferença. A evolução se faz na progressão de um (a Imperatriz, arcano III) a outro (o Imperador, arcano IV).

O arcano III traduz uma ambivalência; define o resultado esperado de uma das principais aspirações humanas e, ao mesmo tempo, sua natureza às vezes artificial e enganosa. A vontade de dominar, a busca de autoridade e o desejo de governar traduzem ambições aparentemente nobres e elevadas, mas que são, na realidade, vãs e pobres. Pois o verdadeiro poder é aquele que se exerce sobre si mesmo; do contrário, a dominação reveste um caráter ilusório, relativo e temporário. O poder nada é enquanto não proceder do ser. A autoridade é interna ou inexistente.

Cenário de vida

O arcano III nos fala do poder e da dificuldade de governar sua própria pessoa. Os atributos manifestam as potencialidades para assegurar sua autoridade sobre a vida e os outros, mas sua manipulação exige uma experiência que a Imperatriz ainda não parece ter. Do mesmo modo, muitas vezes é difícil reinar sobre a própria existência, ainda que o indivíduo possua os meios materiais ou intelectuais para tanto.

Após a formação do eu (o Mago) e o estabelecimento do superego (a Papisa), resta conciliar um e outro, mas sobretudo emancipar-se de uma consciência moral demasiado pesada ou rígida. A Imperatriz demonstra certa dependência perante seus objetos e seu esposo; nesse sentido, ela evoca a dificuldade de se libertar do papel atribuído, do peso da realidade e das referências socioculturais.

O arcano III situa os períodos em que é importante afirmar-se e desfazer-se da dependência (do olhar dos outros, da necessidade de atenção). Ele insiste que é preciso saber impor-se, saber dizer "não", saber tomar decisões, assumir um comando ou responsabilidades sem se preocupar com a opinião alheia, mas também sem constranger nem sufocar.

Essa aptidão exige que se encontre sua própria identidade, que se tenha confiança em si mesmo e que se desenvolva um "egoísmo saudável".

Palavras-chave
Confiança em si mesmo, afirmação, vontade, poder, determinação.

Desejos, medos e sentimentos
Na posição correta: você sente necessidade de se afirmar, de assumir o comando e dirigir sua vida. Recusa-se a submeter-se. Não suporta estar subordinado aos outros nem às circunstâncias.

Dependendo do caso, você precisa cultivar essa necessidade de afirmação ou, ao contrário, aprender a ceder.

Na posição invertida: você não tem a determinação nem a confiança necessárias para se afirmar. Talvez de maneira inconsciente ou involuntária se coloque em posição de submissão ou de perdedor. Está convencido de não estar à altura, de não poder mudar o curso da sua vida e/ou de ser fraco.

Potencialidades
Na posição correta: você é obstinado e determinado. Tem confiança em si mesmo. Demonstra segurança e grande força moral. Tem os meios para realizar seus projetos, seja qual for

sua natureza. No entanto, tome cuidado para não se tornar brutal nem se impor de modo sistemático.

Na posição invertida: sua combatividade é reduzida. Você não tem ambição suficiente nem verdadeiros projetos de vida, pelo menos não em relação ao que a situação exige de você. Falta-lhe audácia e confiança em si mesmo. Internamente, está fragilizado. Tende a se desvalorizar e se depreciar.

Estratégias

Na posição correta: tente se afirmar mais, sem buscar um poder absoluto. Lute. Desistindo, você só vai aumentar ainda mais as dificuldades. Aprenda a dizer "não".

Na posição invertida: não ceda ao fatalismo e se esforce para ter uma boa imagem de si mesmo. Sem autoestima você não vai conseguir avançar. Pare de se curvar, endireite-se e encare a vida.

Divisa

Na posição correta: *Saiba que você possui um poder imenso, tenha certeza disso, e esse poder lhe virá um dia* (Ramakrishna).

Na posição invertida: *É impossível manter-se em pé neste mundo sem nunca se curvar* (provérbio japonês).

O Imperador

Todo o poder do Imperador do Tarô de Marselha está no ato de afirmação que ele manifesta ao brandir seu cetro. Sua mão é alargada e aumentada, como para dar a medida da força do movimento. O cetro é erigido para cima, em uma expressão fálica. É carregado, e não suportado como no caso da Imperatriz (arcano III). Além disso, o globo e a cruz estão em relação, um como continuidade do outro. A espiritualidade se expande livremente no mundo, a terra bebe na fonte do céu. Desse modo, o Imperador representa a união psicossomática, a comunicação do corpo e do espírito.

A orientação do corpo e do rosto para a esquerda traduz não uma projeção para o futuro, mas, ao contrário, um olhar para seu passado. Ele observa seus atos anteriores, o percurso realizado. Não está situado na atividade conquistadora e cansativa, mas no gozo da posição adquirida.

O escudo é bem representado na lâmina, mas se tornou inútil; em todo caso, já não é utilizado. O Imperador não precisa mais se defender. Esse atributo já não lhe serve. Aqui, a águia é neutralizada, com suas asas dobradas para baixo. Não é necessário que aja. Está em repouso. O personagem não está na defensiva, nenhuma arma o protege. Nada teme. Não sente medo. Está sereno, não porque se abriga, mas porque acredita em suas capacidades e na vida. Simboliza a confiança em si mesmo, fruto de um trabalho interno sobre as energias e sem caráter presunçoso. Destaca-se da atitude humana comum, feita de tensões e inquietações.

Seu chapéu evoca o "guerreiro", no sentido esotérico e espiritual do termo. Não o soldado que combate para matar, mas aquele cuja luta representa a busca do sagrado. Desse modo, o tarô nos mostra que o Imperador deve sua posição ao combate que conduziu. Adquiriu seu estatuto pelos méritos que manifestou, pelo trabalho que realizou e pela energia que investiu. Conquistou sua condição, que é fruto de uma longa e talvez dolorosa luta. Essa condição não é o resultado de uma posse material ou de alguma referência a uma pessoa que lhe conferiu sua categoria, mas é realmente a expressão da lenta transformação interna, do desenvolvimento metódico de suas qualidades, da exploração saudável e positiva das potencialidades evocadas pelo Mago (arcano I).

O número 4, dado ao Imperador, representa a solidez e a estabilidade. O universo descrito é tangível, palpável, reconhecível. Encontramos o quatro no quadrado branco, formado pelo cruzamento de suas pernas, bem como na posição global do corpo. Com efeito, se traçarmos os contornos da silhueta do Imperador, teremos um esboço da escrita arábica desse número.

O Imperador reina sobre seu eu. Seu Império é ele próprio. Em um plano arquetípico, o Imperador é a imagem do homem tranquilizador e benevolente: o esposo, o pai, o irmão mais velho.

Sentido psicológico

Em comparação com a Imperatriz, o Imperador sugere mais a noção de estabilidade do que de poder. O Imperador é mais do que tem, enquanto a Imperatriz tem mais do que é.

O Imperador integrou a ação pura (Mago), o conhecimento (Papisa) e o poder (Imperatriz). Compreendeu a relatividade das coisas. Existe como indivíduo no desprendimento e na sobriedade. Encarna a certeza, aquela que perseguimos com obstinação e que não é conforto mental, mas paz de espírito. A única que autoriza o repouso.

Por sua ausência de atividade, ele manifesta a concentração das energias. Marca uma fase de interiorização, não na mente, mas no corpo. Desse modo, valoriza o poder da matéria, que liberta quando não aprisiona. Está totalmente investido em seu cetro, em sinal de harmonia e osmose com a função que ocupa. Integrou o poder, o que lhe dá a força para brandir o bastão sagrado. Seu corpo adaptou-se às exigências da situação (mão direita volumosa); transformou-se, exprimindo a mudança necessária a toda evolução.

Em um plano psicológico, o Imperador é o aspecto masculino da Imperatriz, seu complemento indispensável, seu direito (em oposição a avesso), seu oposto na união dos contrários. Ambos simbolizam uma tomada de independência, a autoridade exercida sobre alguma coisa ou alguém, incluindo a si mesmo. Manifestam a posição hierárquica elevada, o sucesso social, a posição respeitável e respeitada. Pode ser interessante avaliar o que, do ponto de vista do observador ou consulente, diferencia o Imperador da Imperatriz, obviamente excetuando-se sua respectiva sexualidade.

O Imperador aparece como o homem confiável, sólido e previsível. Seu corpo e sua presença tranquilizam.

Cenário de vida

O Imperador remete à necessidade de segurança e questiona sua razão de ser. Essa necessidade de segurança estaria ligada aos medos (de faltar, de ser abandonado) ou, ao contrário, corresponderia a uma busca interna pela extinção dos conflitos e das dúvidas?

No primeiro caso (a busca de segurança, nutrida pelos medos), o Imperador convida a se desfazer do desejo de controle absoluto. Ensina que a "verdadeira" segurança se encontra na força e na quietude internas. "Sinto-me em segurança porque estou certo (certa) de conseguir enfrentar todas as situações."

Assim, o Imperador privilegia o ser em detrimento do ter. É aliviado das posses muito pesadas e incômodas. Tem plena confiança em si mesmo e em sua vida. Não conhece o medo nem a angústia. Sabe que é forte e não utiliza sua energia para se defender. Estabelecido em si mesmo, já não busca a segurança externa nem a certeza paralisante; abre-se para o mundo e se expõe aos riscos.

Palavras-chave
Estabilidade, regularidade, perseverança, tranquilidade, serenidade.

Desejos, medos e sentimentos
Na posição correta: você aspira à estabilidade tanto em seus atos quanto em seus pensamentos. Não se perde em hesitações inúteis nem em dúvidas estéreis.

Na posição invertida: você sente necessidade de mudança, de diversidade, de variedade. Sofre de excesso de monotonia ou de ausência de surpresa e fantasia. Tem vontade de explorar territórios desconhecidos, de partir para a aventura, de passar por novas experiências.

Em sentido negativo, sente insegurança e nutre medos – fundamentados ou não.

Potencialidades
Na posição correta: você é capaz de opor à adversidade uma grande força moral e não se deixar perturbar ou desestabilizar pelos acontecimentos externos. Trabalha com sabedoria

e determinação. É regular, constante e tenaz. Tem condições de ir até o fim e manter seus esforços ao longo do tempo.
Na posição invertida: você tende a não ter perseverança e constância em seus atos e em suas ideias. Começa, mas não termina. Por isso, tem dificuldade para manter os objetivos estabelecidos.

Estratégias

Na posição correta: saiba conciliar progressão e continuidade, evolução e segurança, pois você precisa de estruturas bem definidas para se sentir de fato satisfeito. Em contrapartida, não busque garantias de maneira sistemática. Às vezes é preciso se expor para ter sucesso.
Na posição invertida: seja precavido. Considere todas as possibilidades para evitar ficar muito perturbado com os imprevistos. Tome cuidado para que sua inconstância, seu gosto pela mudança e sua versatilidade não frustrem a realização de seus projetos.

Divisa

Na posição correta: *O homem superior é o que sempre permanece fiel à esperança; não perseverar é de poltrões* (Eurípides).
Na posição invertida: *Quem nada arrisca nada obtém; quem tudo arrisca tudo perde* (provérbio inglês).

O Sumo Sacerdote

O arcano V do Tarô de Marselha põe em cena um homem idoso, sentado em um trono do qual se elevam duas colunas azuis, como duas guardiãs celestes. A tiara em três andares que cobre sua cabeça remete aos três níveis: corpo, alma e espírito. O Sumo Sacerdote também é detentor de uma cruz, igualmente em três níveis.

A mão que segura a cruz é revestida por uma luva amarela. Evidentemente, a cor faz referência à natureza divina, significando que não se trata de uma mão humana, feita de carne e osso, mas de uma mão celeste e imaterial. A luva protege tanto a mão quanto o objeto tocado. Permite, sobretudo, não deixar marcas, pois a espiritualidade, manifestada na cruz, não poderia pertencer a ninguém. Nenhuma pessoa pode deixar sua marca ou seu rastro.

Quanto ao sinal inscrito na luva, ele deu lugar a inúmeras especulações. Alguns reconhecem nele uma cruz, para melhor garantir o aspecto religioso do arcano. Outros evocam um sinal cabalístico, associação já evidenciada pela estranha coincidência que veem na correspondência do número de 22 letras hebraicas e dos 22 arcanos maiores do tarô.

No entanto, a mão direita, que abençoa, continua sendo a mais poderosa. Toda a significação do arcano reside nesse ponto e, mais especificamente, no ato realizado. Por esse gesto, o Sumo Sacerdote indica que perdoa, concilia, aceita.

A baixa estatura dos dois personagens que se encontram aos pés do Sumo Sacerdote exprime a humildade, quase da ordem do apagamento, que eles precisam demonstrar para solicitar ajuda, ou ainda evoca a criança e, portanto, a inocência necessária ao solicitante.

O arcano V constitui a abertura espiritual, que exige uma atitude de atenção, humildade e recolhimento. O ser humano deve admitir a existência de um princípio superior, abandonando sua própria vontade de onipotência. O Sumo Sacerdote reafirma o princípio: "Ajuda a ti mesmo, e o céu te ajudará". Ensina que, para encontrar, é preciso procurar; para obter uma resposta, é preciso perguntar. A verdadeira força, ou seja, a sabedoria, pressupõe uma associação do trabalho individual à atividade universal.

Sentido psicológico

O Sumo Sacerdote, tal como seu correspondente "anima", a Papisa, simboliza a consciência moral interiorizada, o superego do segundo tópico freudiano. Mais precisamente, o Sumo Sacerdote se refere ao ideal do eu, instância psíquica que contém os modelos (pais, heróis, ídolos) com os quais o homem busca conformar-se de maneira consciente e, sobretudo, inconsciente.

Por outro lado, o Sumo Sacerdote constitui uma exceção na continuidade das lâminas maiores no sentido de que não representa o consulente em uma fase particular de sua evolução nem uma experiência a ser vivida, tampouco uma qualidade a ser desenvolvida (como o fazem a Justiça, a Força e a Temperança), mas situa um encontro necessário para a tomada de consciência da existência do Divino. Por essa razão, encarna o pai, o mestre espiritual, o guia interno, a consciência moral. Abre o tarô para uma dimensão religiosa.

A crença no além, a definição de um princípio divino, expresso na unidade (monoteísmo) ou na pluralidade (politeísmo) e o pensamento mágico-religioso sempre constituíram os pilares das sociedades humanas. Independentemente de seu estágio evolutivo, o homem sempre fez referência a forças superiores e sobrenaturais. Todas as sociedades se originam com base na crença em divindades, figuras cósmicas, imanentes ou transcendentes.

Cenário de vida

O Sumo Sacerdote questiona a relação do homem com o Divino. Em uma perspectiva freudiana, Deus é apenas uma criação mental, de certo modo, uma produção do imaginário, que tem como função tranquilizar, dar sentido à vida e aliviar diversas angústias, especialmente aquelas relativas à morte. A partir de então, a crença religiosa passou a ter um valor terapêutico positivo, na medida em que apazigua, ou um valor defensivo negativo, na medida em que nega a realidade.

No plano psicológico, o arcano V situa a autoridade, não obrigatoriamente a religiosa, necessária para o desenvolvimento individual. Também exprime o reconhecimento do valor dos outros, o fato de não se perceber como o "melhor" ou o "centro do mundo", mas de atribuir ao outro um valor pelo menos igual e, às vezes, superior ao seu próprio.

O Sumo Sacerdote convida a reconhecer o "Divino" que existe em todas as coisas, a descobri-lo em si mesmo e no outro e a adotar uma atitude confiante, aberta e amorosa.

Palavras-chave
Aprovação, apoio moral, ajuda externa.

Desejos, medos e sentimentos
Na posição correta: você sente a necessidade de ser apoiado, sobretudo moralmente. Aspira a ser ajudado, a receber a adesão e a aprovação de outras pessoas e a ser seguido em suas iniciativas. Cuidado para não depositar expectativa demais em uma valorização externa ou em um apoio moral.
Na posição invertida: duas possibilidades se oferecem, segundo a situação e o grau de evolução. Você se sente desvalorizado, desaprovado, e sofre por causa disso (primeiro estágio:

necessidade de reconhecimento infantil); ou então você deseja "matar" o pai, agir segundo sua vontade e prescindir da bênção dos que o circundam (segundo estágio: você se emancipou).

Potencialidades

Na posição correta: você é capaz de encontrar apoio. Não hesita em bater às portas. Está consciente de seus limites e sabe pedir ajuda em caso de necessidade.

Na posição invertida: você é capaz de encarar os acontecimentos, de agir por conta própria, sem esperar nada de ninguém. Seja como for, tem dificuldade para pedir ajuda e até para aceitar a que lhe oferecem espontaneamente. Ora você se encontra em uma situação desfavorável para solicitar, ora é muito orgulhoso, ora muito autônomo. Acima de tudo, teme ser devedor e rejeita ligar-se a alguém em troca de serviços prestados.

Estratégias

Na posição correta: ouça os conselhos que lhe são dados, leve em conta as observações que lhe são feitas. É a contraparte da ajuda que lhe oferecem.

Na posição invertida: procure se virar sozinho. Só aceite ajuda se não tiver alternativa e, nesse caso, informe-se sobre o que exigirão de você em troca. Não tente ser aprovado ou valorizado pelos que o cercam ou pelas pessoas importantes deste mundo. Seu valor não depende dos elogios que lhe são feitos, mas da qualidade de sua pessoa e de seus atos.

Divisa

Na posição correta: *Pedi e se vos dará; buscai e achareis; batei e vos será aberto. Porque todo aquele que pede, recebe; quem busca, acha; a quem bate, abrir-se-á* (Mateus 7, 7-8).

Na posição invertida: *Não se pode voar com as asas dos outros* (provérbio persa).

O Enamorado

A postura física do Enamorado (pés afastados) induz a uma atividade potencial, mas ainda inexplorada. Sua atitude demonstra indeterminação quanto ao caminho a ser seguido, hesitação perante a via a ser tomada, incerteza relativa à consequência de seus atos. Sua roupa consiste apenas em uma túnica curta, com faixas verticais alternadas de azul, vermelho e amarelo. Por certo, esse ternário colorido evoca a riqueza, apresentando o Enamorado provido de qualidades reflexivas, dinâmicas e solares, resultantes dessas energias, mas também a disparidade e a divisão que a multiplicidade não deixa de provocar enquanto não é unificada. Por outro lado, encontramos esse mesmo jogo de alternâncias nos raios de sol, como para significar a existência de uma relação entre o homem e o céu, referência discreta aos princípios enunciados pelo hermetismo (o que está embaixo é como o que está em cima).

A moça à direita da carta apresenta um físico gracioso. A mulher à esquerda encarna a austeridade por seu físico pouco delicado. A influência cósmica é materializada pelo anjo, cujo aspecto lembra o Eros grego ou o Cupido romano. Nessa perspectiva mitológica, o anjo do arcano VI confirma a dimensão afetiva: a troca se realiza em uma reunião sentimental.

Em uma perspectiva simbólica, o arco evoca o ternário no nível de seus componentes (arco, corda, flecha) e de sua atividade (tensão, distensão, lançamento).

Em um plano iniciático, o arcano VI descreve uma etapa fundamental no percurso do ser humano. Nessa óptica, ele encarna a escolha, mais precisamente aquela existencial, que funda a natureza humana. Porém, se a escolha é a maior liberdade do homem, é também seu mais pesado fardo. A escolha se nutre de separação, abandono e luto. Embora seja dolorosa, obriga à superação de si mesmo.

Não se trata aqui das hesitações superficiais que podem exprimir-se quanto à maneira de se vestir tal dia ou que dizem respeito à marca de um produto, ou ainda a qualquer outra situação, cuja indeterminação seja mais artificial e incômoda do que real. Não, a noção exposta no arcano VI é grave e profunda. Mais do que a escolha de um objeto ou de uma pessoa, trata-se da escolha de um caminho.

Sentido psicológico

O Enamorado é quem decide seu futuro e ensina que o erro não reside na escolha ruim, e sim na ausência de escolha. É difícil escolher, pois o resultado sempre gera uma perda. A escolha se nutre de separação, de luto. Escolher é sempre renunciar, mas é nessa renúncia que o ser humano cresce.

O arcano VI representa igualmente a experiência amorosa: o homem confrontado com as aspirações do coração. O amor também se constrói sobre uma escolha na maneira de vivê-lo. Nessa perspectiva, o Enamorado encarna o engajamento ou, antes, a capacidade ou incapacidade de se engajar, ou seja, de respeitar as decisões tomadas. Mais precisamente, o sentimento aparece em seu aspecto perturbador. Não se trata apenas do amor que gratifica, mas também daquele que incomoda, quando o coração se divide, criando chagas afetivas e psicológicas.

Sob um aspecto mais específico, o Enamorado representa o indivíduo ao sair da adolescência, diante da necessidade de deixar a mãe para se unir à esposa. Do ponto de vista simbólico, significa, portanto, entrar no mundo adulto. Com efeito, a aptidão para encontrar soluções usando apenas o livre-arbítrio e as escolhas implica a noção de maturidade psicológica. A criança não tem a responsabilidade de escolher. A escolha é delegada aos pais, que se encarregam de garantir as decisões referentes ao filho. Por certo, dá-se à criança certa liberdade de decisão, mas que não é a escolha existencial do Enamorado. Portanto, é pela primeira escolha, no verdadeiro sentido do termo, tal como definido no aspecto iniciático da lâmina, que o adolescente se inscreve como adulto. Contudo, isso não significa absolutamente que haja uma idade para fazer escolhas e que, passada essa idade, nos tornamos "adultos". Algumas pessoas permanecem crianças para sempre. Continuam a delegar esse poder de decisão aos outros. De maneira consciente ou não, colocam-se nas mãos dos outros ou da sorte. Não usam seu determinismo porque ele lhes parece um fardo, e não um poder. No plano psicológico, fala-se de imaturidade na formação do eu.

Cenário de vida

O arcano VI, que representa a escolha existencial, dolorosa, mas libertadora, constitui uma prova iniciática. Essa transição necessária eleva o homem que a realiza e rebaixa aquele que a ela se subtrai. Gera evolução ou involução, dependendo da capacidade individual para resolver positivamente o enigma da encruzilhada. É na compreensão e na aceitação do princípio da escolha que o ser humano avança.

A vida se fundamenta em escolhas conscientes ou inconscientes, realizadas ou sofridas. O homem passa com regularidade por essa prova renovada, e é em sua capacidade de validar esse exame simbólico que ele se eleva. Por conseguinte, alguns recusam essa passagem obrigatória; buscam evitá-la por vontade de tudo conservar ou, mais exatamente, por desejo de não sofrer. Ao mesmo tempo, encontram-se na avidez e na ilusão. Outros trapaceiam: fazem uma escolha apenas aparente. Fingem. De resto, não se trata de um ato de simulação voluntária, mas de um estratagema que lhes é aplicado por seu inconsciente. Essas pessoas não estão prontas. Seu corpo age, mas seu espírito não o segue. Vivem, então, em uma perpétua insatisfação, nutrindo-se de arrependimentos eternos ("se eu tivesse feito isso", "se eu tivesse ficado com fulano", "se não tivesse largado meu antigo emprego"). Enfim, existem aqueles que vivem a escolha plenamente, em todos os seus aspectos, sem evitar nenhum. Isso não significa que a decisão tenha sido fácil. Muito pelo contrário, a dor se exprime, mas não persiste. Na fase que antecede a escolha, a indecisão, a incerteza e a dúvida intervêm como garantias da decisão; sua resolução as aniquila. Desse modo, já não há retorno nem remorsos estéreis. A escolha feita cresce e nunca se enfraquece. É assumida no tempo e em todas as suas consequências, felizes ou não.

Palavras-chave
Amor, escolha, engajamento.

Desejos, medos e sentimentos
Na posição correta: você tem aspirações afetivas profundas. Deseja amar e ser amado. Mais do que de reconhecimento, respeito ou consideração, é de amor que você precisa. De resto, ele não exclui absolutamente as proposições anteriores, mas as justifica e garante sua autenticidade.

Por outro lado, você tem vontade de organizar sua vida, de tomar decisões, de resolver, de se engajar.

Na posição invertida: você tende a passar sua vida amorosa para o segundo plano. Tem outras preocupações e prefere se consagrar a projetos mais pessoais ou profissionais.

Por outro lado, sente-se atormentado pela dúvida e pela indeterminação.

Potencialidades

Na posição correta: você é carinhoso, amável e afetuoso. É capaz de dar e receber amor. Percebe por empatia o que o outro sente. Porém, cuidado para não colocar o sentimento em tudo.

Por outro lado, é capaz de fazer e assumir escolhas sem se equivocar.

Na posição invertida: você não deixa seu coração falar o suficiente. Refugia-se atrás da razão ou das exigências da situação. Está desligado de sua sensibilidade e não consegue exprimir seus sentimentos.

Por outro lado, tem dificuldade para fazer escolhas, para saber exatamente o que quer. É incapaz de ser claro, de resolver, de tomar as decisões que se impõem.

Estratégias

Na posição correta: ouça seu coração. Exprima seus sentimentos. Confie em seu julgamento e siga seu instinto, que o levará aonde você tem de ir. Em todos os casos, faça as escolhas que se impõem, mesmo que sejam extenuantes. Procure ser o mais claro possível. Evite a todo custo os acordos e os não ditos.

Na posição invertida: saiba colocar seus sentimentos de lado. Talvez a situação exija que você dê provas de desenvoltura e até mesmo de rigor. Em todos os casos, evite envolver-se e, na medida do possível, adie toda decisão importante.

Divisa:

Na posição correta: *No hotel da decisão, as pessoas dormem bem* (provérbio persa).

Na posição invertida: *Não ter dúvidas significa confiar no próprio coração, ter fé em si mesmo* (Chögyam Trungpa).

O Carro

A sétima lâmina do Tarô de Marselha põe em cena um jovem no comando de um carro. A carta é cortada em duas partes distintas. O plano superior é organizado e estruturado, enquanto o inferior é caótico e mostra um grafismo precipitado, que descreve uma cena incoerente. Essa inadequação pode revelar uma disfunção visível para o observador, mas, por outro lado, invisível para o condutor, cujo olhar não está voltado para seu carro.

O jovem possui atributos de rei: a coroa e o cetro. Portanto, é portador de uma experiência, tendo comprovado suas competências e obtido resultados à altura de seus méritos. Os dois rostos em seus ombros evocam o Sol e a Lua. As quatro colunas que o emolduram se referem ao quaternário dos pontos cardeais, das estações do ano e dos elementos. Especificam a natureza do poder do jovem príncipe e, ao mesmo tempo, seu limite. Nesse sentido, o poder do Carro é apenas material, e não interno.

A cena da parte inferior apresenta várias incoerências voluntárias e significativas. Tal como está desenhado, o veículo não tem como avançar. Se sua existência é real, sua utilidade o é bem menos. Provavelmente, as iniciais S. M. significam Sua Majestade.* Ou ainda, em uma interpretação esotérica: Súlfur (enxofre) e Mercúrio, elementos fundamentais que entram na composição da Grande Obra.** O cavalo, por seu caráter impetuoso e por sua potência, representa o inconsciente, a força do desejo. Domá-lo significa dominar as pulsões internas. A mesma oposição anima os dois cavalos. Mais uma vez, dada a direção divergente de seus corpos, toda possibilidade de movimento está impedida. Por conseguinte, eles representam a ameaça de ruptura com um avanço muito precipitado.

Pelo alto investimento do objeto (o carro, que dá seu nome à carta), o arcano VII é a expressão do êxito enganador, aquele em que o parecer supera o ser.

Sentido psicológico

No nível psicológico, o Carro questiona a identidade. Situa a fronteira entre o personagem social e a realidade do indivíduo. Enquanto o homem se definir em relação a uma profissão, a

---

* *Sa Majesté*, no original em francês. [N.R.]
** Nome dado ao processo alquímico e à fabricação da Pedra Filosofal pelos alquimistas. (N.R.)

um estatuto ou a uma posse material, não encontrará sua verdadeira identidade. Aqui, o objeto é tão representativo que o homem nele se reconhece, e é justamente nessa identificação que reside o perigo, pois o que poderá acontecer se aquilo que serve a ele como referência desaparecer?

Por essa razão, o Carro nos leva às portas da ilusão, onde tudo é apenas aparência e hipocrisia. Desse modo, a lâmina nos apresenta uma paródia do êxito. Se o objeto é tão representativo, é porque sua função é levar o condutor, ou seja, elevá-lo, colocá-lo acima dos outros, daqueles que ainda nada possuem. A partir de então, o objeto se torna onipotente. Todavia, apenas uma boa utilização garante um benefício e um interesse para a posse. Possuir um carro sem poder avançar beira o absurdo e a inutilidade.

Desse modo, pela reflexão que provoca, o arcano VII nos convida a nos destacarmos das aspirações humanas. Não prega uma rejeição do êxito social, mas, em contrapartida, exorta a um distanciamento em relação a ele.

Cenário de vida

O Carro representa o êxito social. Portanto, é portador de uma significação positiva, pois uma das aspirações do ser humano é ser bem-sucedido profissional e financeiramente, ter acesso ao topo, atingir a notoriedade e a consideração pública. Entretanto, o Carro desaconselha um investimento muito alto na imagem à custa do ser. Não há dúvida de que o condutor do carro é admirado, mas seria ele amado? Com certeza é bem-sucedido, mas estaria realizado? Está no topo que tantos outros tentam alcançar, mas seria feliz? Eis todas as questões com as quais o arcano VII nos confronta. Nesse sentido, ele nos ensina a distinguir entre êxito e realização, entre alcançar os objetivos e realizar o próprio ser. Essa distinção, que talvez seja fácil de estabelecer no plano teórico, é muito mais difícil de ser sentida no plano da experiência vivida. Com efeito, muitas vezes a realidade cotidiana nos convida a aceitar os valores que a sociedade de consumo apresenta como garantias de felicidade. Desse modo, esquecemos muito rapidamente que a plenitude extrai sua substância apenas da evolução interna: se, por um lado, as posses podem trazer certo conforto à existência, por outro, não são suficientes.

Palavras-chave
Êxito, sucesso, ambição, conquista, orgulho, ego.

Desejos, medos e sentimentos
Na posição correta: você sente necessidade de se superar. É muito ambicioso e deseja ser bem-sucedido. Porém, cuidado para que seus ideais não permaneçam unicamente na esfera material ou sirvam apenas para inflar seu ego.
Na posição invertida: você cultiva um sentimento de fracasso. Não tem confiança em suas possibilidades de êxito. Por isso, não tem ambição nem objetivos suficientemente concretos e/ou elevados.

Potencialidades
Na posição correta: você tem à sua disposição potencialidades reais. Tem todas as cartas na mão para alcançar seus

objetivos, sobretudo em nível profissional ou no âmbito das atividades sociais. É capaz de brilhar e se distinguir.

Na posição invertida: você adota uma atitude passiva, como se os resultados dependessem mais do acaso do que de suas ações. Sua autoconfiança é flutuante. Você se subestima e se mostra fatalista e pessimista. Não dá a si mesmo os meios para ser bem-sucedido.

Estratégias

Na posição correta: realize agora os projetos que considera mais importantes, especialmente os que exigem combatividade e coragem. No entanto, desconfie do orgulho e não busque os elogios. Seu sucesso só será maior se você souber permanecer humilde. Não negligencie sua vida interna, mesmo que suas atividades profissionais ou sociais sejam muito importantes e enriquecedoras.

Na posição invertida: seja combativo e aprenda a tirar uma lição das dificuldades que encontrar pela frente. Não dramatize a situação. Faça com que as dificuldades o estimulem em vez de abatê-lo. Elas podem constituir um trampolim para partir de um novo impulso.

Divisa

Na posição correta: *Da consideração dos obstáculos vem o fracasso; da consideração dos meios, o êxito* (Pantcha-Tantra).

Na posição invertida: *A alma mais forte e mais bem constituída é aquela que os sucessos não orgulham nem debilitam e que não se abate com os revezes* (Plutarco).

A Justiça

O arcano VIII do Tarô de Marselha põe em cena uma mulher sentada, segurando os atributos da justiça. A mulher demonstra rigor e determinação, ressaltados por sua atitude deliberadamente frontal. Desse modo, indica que o homem não pode escapar nem tentar subtrair-se à sua ação. Mais do que presente, ela é atemporal. Nenhuma fuga é concebível.

Todos os objetos (a coroa, o trono, a balança e o gládio), por sua cor amarela, indicam a natureza da justiça. Trata-se da justiça imanente, cuja ação transcende o entendimento humano. Na sequência, o barrete judiciário irradia uma luz dourada e, em seu centro, apresenta o sinal tradicionalmente usado para simbolizar o Sol. A Justiça sempre ilumina e nunca obscurece. O homem que a aceita e a compreende é tirado por ela das trevas às quais pode ser levado por seus atos ou pensamentos.

Mais do que agir, a Justiça reage. Não toma a iniciativa do ato, mas avalia sua consequência. Não é causa, mas efeito. Sua energia é yin, pois ela recebe mais do que emite.

O significado do 8 se refere ao infinito. A Justiça é eterna. Não está sujeita a nenhum limite, nem espacial, nem temporal. Não suporta delimitações nem coerções. Tudo é submetido ao seu olhar, à sua extrema vigilância, à sua atenção permanente. Ela é onisciente, onipresente e onipotente.

Muito mais do que um sistema comum e imperfeito de leis humanas, a Justiça do Tarô de Marselha representa a lei fundamental que se aplica a todos os seres da criação. Descreve a ordem das coisas, a maneira como o Universo é orquestrado e organizado. Evidencia a lei da causalidade que rege toda vida.

Até o arcano VIII, os nomes definem pessoas, como o Mago, a Papisa, a Imperatriz, o Imperador, o Sumo Sacerdote ou o Enamorado, ou ainda objetos como o Carro, enquanto a Justiça descreve uma noção abstrata. Mais precisamente, a qualidade evocada é uma virtude, uma das quatro virtudes cardeais, três das quais figuram no tarô: a Justiça, a Força e a Temperança. Em contrapartida, falta a quarta dessas virtudes, que é a Prudência. As três presentes no tarô são intercaladas de três em três:

- arcano 8: a Justiça;
- arcano 11: a Força;
- arcano 14: Temperança.

O total dessas três lâminas dá o seguinte resultado: 8 + 11 + 14 = 33

Portanto, a Justiça é uma virtude, e supõe-se que uma virtude eleve o indivíduo. O que significa, então, "ser justo"? Segundo a definição do termo, é justo quem sabe separar o verdadeiro do falso, o bem do mal. Essa qualidade poderia tornar-se sinônimo de discernimento, de clarividência e de sabedoria. O ser que deseja ser justo é convidado a dar provas de inteligência, equidade e imparcialidade. Ele tem de ser justo, mais do que ser juiz.

Sentido psicológico

A Justiça do tarô nos fala da lei de causalidade que rege nossa existência e nos lembra de seus princípios fundamentais:

1) Toda ação provoca uma reação: isso parece evidente e, no entanto, muitas vezes acontece de o homem não reconhecer as consequências de seus atos ou de seus pensamentos. Ainda que a lógica seja inegável, ao agir nem sempre o homem avalia os efeitos causados por sua atitude. Prefere esquecer esse pesado encadeamento. Não fosse assim, como explicar os comportamentos negativos (físicos ou psicológicos)? De fato, o homem sempre espera escapar da lei da causalidade. Desse modo, assume riscos cuja extensão ele nem sempre calcula e, quando a consequência se apresenta, não a liga à sua ação geradora. Nesse caso, pode evocar a injustiça (a esse respeito, ver a Casa de Deus e a Estrela). Por outro

lado, com frequência se confundem as causas e os efeitos. Tomam-se os efeitos pelas causas, pois, às vezes, o ponto de ancoragem de uma situação está tão distante no tempo que o homem não é capaz de estabelecer a ligação.

2) A reação é proporcional à ação: com esse segundo preceito, entramos na qualidade da interação, na natureza do vínculo, em sua organização profunda. O efeito não é fruto do acaso, mas respeita uma lógica implacável. A princípio, dizer que a reação é proporcional equivale a declarar que ela tem a mesma natureza da ação. Um ato positivo terá, necessariamente, uma consequência positiva e vice-versa. Em segundo lugar, a proporção também se situa no nível da intensidade. Encontramos a noção de medida; disso resulta a importância da balança como atributo que se baseia em uma ideia de equilíbrio perfeito. Um mesmo ato pode ter múltiplas consequências, pois os motivos, as intenções, o momento e as razões divergem. Por isso, mesmo que a Justiça seja universal em sua natureza, ela permanece individual em sua aplicação. Cada detalhe é cuidadosamente examinado, e tudo é considerado de maneira consciovincosa. É por causa desses entrelaçamentos de elementos que às vezes não se reconhece o efeito e, por isso, dificilmente se identifica a causa. Outras vezes, a situação é bastante evidente: quem come muito chocolate acaba sofrendo do fígado por causa desse excesso. Só que na maior parte do tempo a multiplicação

dos fatores que entram em jogo acarreta efeitos diferentes no tempo e em sua natureza.

3) A energia funciona em sistema fechado: o que é certo é que a energia produzida por um ato ou um pensamento não desaparece nem se perde, mas se conserva. Ela intervém no momento oportuno em uma manifestação lógica. Ainda que nem sempre o homem compreenda as razões que animam os acontecimentos positivos ou negativos que ocorrem em sua existência, elas não deixam de existir.

Cenário de vida

O arcano VIII evoca a disposição das instâncias autoritárias não apenas em sua manifestação externa, mas também em sua interiorização. Revela a relação individual com a justiça, incluída aquela imanente ou divina. A confiança ou a desconfiança em relação à justiça é determinada em grande parte pelas experiências felizes ou infelizes da infância, pela qualidade, pela coerência e pela credibilidade dos pais em sua função de educadores e juízes.

Várias influências se manifestam: as proibições socioculturais, a definição do Bem e do Mal, o que se deve ou não fazer. A Justiça também é permissiva: ao proibir certas coisas, autoriza outras. A criança se conscientiza dessa lei de causalidade, uma vez que suas ações provocarão efeitos. Por exemplo, se for bem na escola, será recompensada; ao contrário, se tiver resultados ruins, poderá ser punida. Todavia, essa lei é a dos pais (alguns deles podem punir por ações que outros não condenariam) ou da sociedade em que a criança é criada (nem todas as culturas têm as mesmas proibições). Trata-se aqui de leis humanas e, uma vez que nem sempre o homem é justo e imparcial, as leis que ele aplica são feitas à sua imagem. Eis por que a criança pode nutrir um sentimento de injustiça. Ou ainda desenvolver uma antipatia em relação a uma justiça demasiado rígida ou austera. Em uma utilização psicológica do tarô, a percepção individual revela a maneira como esse princípio é considerado.

Palavras-chave
Justiça, ordem, clareza, equilíbrio, limite.

Desejos, medos e sentimentos
Na posição correta: você tem necessidade de justiça moral, social e humana. Não espera um tratamento favorável, mas simplesmente deseja que seus direitos sejam reconhecidos e seus esforços, recompensados. Aspira ao equilíbrio e à harmonia consigo mesmo e com seu ambiente.

Na posição invertida: você experimenta um profundo sentimento de injustiça. Sente-se incompreendido, maltratado pela vida ou pelos outros. Em alguns casos (sobretudo se outras lâminas forem nesse sentido), esse ressentimento pode lhe dar vontade de se libertar das regras, das leis e das convenções para agir à sua maneira e recuperar sua liberdade.

Potencialidades
Na posição correta: sua clareza de espírito lhe permite ter julgamentos confiáveis e objetivos. Você é capaz de dar uma

opinião pertinente sobre as pessoas e as situações. É comedido e conta com um bom equilíbrio nervoso e psicológico. Por outro lado, é metódico e organizado. Sabe planejar, fazer as coisas umas após as outras, sem se deixar superar pelos acontecimentos. É pontual e cumpre sua palavra. É uma pessoa confiável.

Na posição invertida: você não consegue encontrar um equilíbrio interno. É atormentado pelos excessos e pelo exagero. Falta-lhe objetividade, e você tem uma visão deformadora e deformada da realidade. É nervoso, tenso e não consegue manter a calma. Tem muita dificuldade para se organizar e administrar seu tempo.

Suas principais qualidades poderiam ser seu inconformismo e sua rebelião, contanto que os transformasse em energia positiva e os utilizasse para construir, e não para destruir.

Estratégias

Na posição correta: tente ser justo com os outros, mas também consigo mesmo. Procure o caminho do equilíbrio (nem demais, nem de menos). Aproveite esse período para colocar sua vida em ordem. Empreenda ações necessárias, mesmo que elas não lhe agradem.

Na posição invertida: extravase sua revolta, mas saiba rebelar-se com discernimento. Nem todas as regras são boas, mas também nem todas são ruins. Organize seu espírito antes de querer organizar sua vida.

Divisa

Na posição correta: *Todas as virtudes estão incluídas na justiça: se és justo, és um homem de bem* (Teógnis).

Na posição invertida: *Mais vale sofrer a injustiça do que cometê-la* (provérbio africano).

O Eremita

Mais do que andar, o Eremita do tarô caminha. Seu movimento é lento, regular e silencioso. Ele encarna o homem em busca de verdade, de sua verdadeira identidade. Desse modo, seu avanço traduz um movimento mais psicológico do que físico.

O fato de o Eremita aparecer com os traços de um ancião indica a maturidade psicológica necessária para empreender tal iniciativa. Ele também marca o fim de um ciclo, a preparação para um renascimento.

Sua orientação para a esquerda evoca a direção da evolução. Não se trata de um movimento de expansão, de exploração do futuro ou de projeção para frente, mas, antes, de um retorno a si mesmo, de uma penetração de seu passado ou de uma análise do percurso realizado. A cor azul predomina, aumentando, assim, o grau de espiritualidade do arcano. O azul isola. Ao contrário do vermelho ou do amarelo, que irradiam sua energia, o azul contém e retém a luz. Desse modo, o Eremita, protegido por seu manto azul, conserva sua energia para evitar gastá-la inutilmente. Todo o seu corpo é recoberto pelo tecido, mascarando o aspecto físico do personagem e significando que o Eremita se dirige mais à mente do que ao corpo. Apenas o pensamento importa. Por outro lado, os símbolos associados à capa (que envolve completamente) e ao azul (que protege, encerrando) poderiam indicar uma inibição total, no sentido de uma ruptura completa com o ambiente, se não houvesse um capuz virado sobre os ombros, deixando o rosto descoberto. Dessa maneira, o Eremita demonstra uma abertura ao que é externo e que, de resto, é mais atenção do que palavra.

O cajado participa do mesmo simbolismo e estabelece um vínculo físico, que possibilita a troca de energias humanas e terrestres. Tal como o capuz, ele constitui um elemento que permite garantir a abertura do personagem.

Os cabelos e a barba cor de carne do Eremita assinalam que ele de fato pertence ao mundo humano. Antes de tudo, é um homem de carne e osso. Não é santo nem divindade. É simplesmente um ser humano que deseja aproximar-se da sabedoria.

O lampião que carrega na altura do rosto também parece não ter utilidade real (pois é dia), mas, antes, uma significação simbólica, que remete a Diógenes procurando um homem em pleno meio-dia nas ruas de Atenas. O Eremita ilumina seu próprio caminho, e não o de outrem, pois não encarna o guia e sim aquele que busca. Não é o mestre, mas o discípulo.

Sentido psicológico

Em uma leitura psicanalítica, pode-se definir o Eremita como alguém que simboliza o processo de individuação. Nessa perspectiva, ele representa a construção de uma identidade própria, sem referência aos outros, sem pertencimento a um grupo determinado ou a uma classe social.

Em certa medida, o Eremita encarna o sábio. Mais do que de religião (como para o Sumo Sacerdote), é de espiritualidade que se trata. O Eremita não tem exatamente uma identidade social; em todo caso, seu nome não o define como uma autoridade hierárquica ou moral. Ele não exerce um poder real sobre os seres ou as coisas que o cercam. Mais do que isso, define-se apenas em relação a si mesmo, pois estabelece uma ruptura com o mundo que o circunda. Nessa medida, mais do que qualquer outro arcano, ele descreve o indivíduo uno e único.

Mais do que uma qualidade, um estado ou uma realização, o arcano VIIII simboliza uma atitude. Indica o comportamento a ser adotado. Na sucessão dos arcanos, pode-se pensar que o Eremita é a consequência da Justiça: ao se conscientizar da lei de causalidade, o homem se afasta para meditar sobre a descoberta essencial que acaba de fazer: a existência de uma ordem das coisas.

O Eremita representa com perfeição aquele que busca, em oposição àquele que crê. Encontra-se inteiramente ocupado com essa nobre tarefa. Não se concilia com os preceitos enunciados pelos outros, mas deseja descobrir a verdade por si mesmo. Expõe-se à dúvida e ao novo questionamento, sem se preocupar com o conforto moral trazido pelas certezas e pelas superstições comuns. Importa-lhe mais buscar do que encontrar: a estrada é mais importante do que o objetivo. Eis por que ele caminha, para indicar o movimento lento e delicado, mas permanente e contínuo. Toda evolução interna só pode respeitar esse ritmo. A precipitação nunca é vantajosa. A maturação é necessária. A continuidade e a perseverança são mais importantes do que a rapidez.

Cenário de vida

O Eremita representa o recuo. Talvez seja por essa razão que ele aparece como idoso, pois é preciso ser maduro e responsável, no sentido psicológico dos termos, para saber retirar-se sem nutrir um sentimento de fracasso. O arcano VIIII reabilita essa atitude fundamental. Alguns combates são perdidos de antemão ou simplesmente são inúteis. De que adianta, então, persistir? Algumas ações são puro desperdício de energia, pois o objeto perseguido com tanta obstinação é uma miragem. Algumas decisões são infelizes e levam diretamente à catástrofe. O Eremita é a única sabedoria que permite, sem rancor nem remorsos, aceitar que se pare de agir e de fazer. O objetivo já não é material, mas espiritual. Por isso, representa o abandono do eu. Esse mesmo ego que leva o homem a agir sem cessar, a se apegar a seus atos e a esperar fervorosamente os resultados. O ego exalta o orgulho e a avidez. Se por um lado a regularidade e a tenacidade são qualidades indispensáveis à evolução, por outro, a obstinação e a persistência constituem fraquezas comportamentais que convém reduzir.

O Eremita também é o personagem da sombra. Não ocupa a dianteira da cena, como a Imperatriz, o Imperador, o condutor do Carro ou até mesmo o Sumo Sacerdote, mas, apresentado de perfil e em parte ocultado por seu longo manto, exprime humildade, recolhimento no silêncio e na solidão.

O arcano VIIII significa a aceitação da solidão, a independência, o comportamento autônomo. De certa maneira, o Eremita pode assumir um sentido de corte do cordão umbilical, o que corresponderia perfeitamente ao seu valor numérico: 9, número do nascimento. O Mago descreve o nascimento físico, o despertar do corpo, a conscientização de suas potencialidades, enquanto o Eremita aparece como um segundo nascimento, que não é renascimento, mas, antes, uma abertura espiritual. De um ponto de vista psicológico, o Mago constitui a criação do eu; o Eremita o exprime em sua finalidade.

Palavras-chave
Solidão, independência, recolhimento, recuo (estratégico ou definitivo).

Desejos, medos e sentimentos
Na posição correta: você tem necessidade de se isolar e recobrar as forças. Aspira a sair da agitação da vida para poder refletir, meditar e pensar com toda a tranquilidade. Deseja se retirar, abandonar certas responsabilidades ou certos combates,

reservar um tempo para recuperar suas forças ou se concentrar nas verdadeiras prioridades.

Na posição invertida: você tem medo da solidão ou do abandono. Por conseguinte, sente uma profunda necessidade de comunicação. Porém, cuidado para que esse desejo de trocas e contatos não mascare a fuga de você mesmo, sua incapacidade de ficar sozinho.

Potencialidades

Na posição correta: você é independente e capaz de decidir e agir sozinho. Sabe aproveitar os períodos de isolamento para elaborar seus projetos ou fazer um balanço. É profundo e tem condições de se retirar sem nutrir um sentimento de fracasso. Também é capaz de se engajar com alegria em uma iniciativa espiritual.

Na posição invertida: você tenta evitar a solidão que, de resto, tem dificuldade para suportar. Por isso, adota uma atitude aberta, sociável e simpática. Sabe cercar-se de gente e é capaz de associar suas competências e seus esforços aos dos outros, o que lhe permite ajudar e ser ajudado.

Por outro lado, você tem vontade de agir, de passar para o ataque. Está pronto para combater, a fim de alcançar seus objetivos. É empreendedor e não hesita em dar o primeiro passo.

Estratégias

Na posição correta: parta em busca de si mesmo e aprenda a preencher sua existência sem precisar sistematicamente da presença dos outros. Saiba retirar-se, liberar-se e cessar determinados combates com discernimento.

Na posição invertida: conservando uma atitude aberta e calorosa, não se deixe invadir e reserve um tempo para você. Não aceite tudo, sob o pretexto de querer se comunicar. Não renuncie à sua independência. Por fim, lute, insista, não deponha as armas.

Divisa

Na posição correta: *A solidão interna é o melhor guia para nos conduzir à paz interna* (Miguel de Molinos).

Na posição invertida: *Ele achava que estava tentando escapar da solidão, e não de si mesmo* (William Faulkner).

A Roda da Fortuna

O arcano X do Tarô de Marselha põe em cena uma roda com seis raios, cuja circunferência tem cor de carne e cujo eixo é vermelho. Os animais, caricaturas de humanos, encarnam as camadas profundas do inconsciente. Associam-se à libido, às pulsões e aos desejos.

O cão amarelo representa a fase ascendente. Sua cor mostra a que ponto ela é valorizada. Uma faixa cinge suas orelhas, pois, ocupado em subir, em transpor os degraus, o homem já não escuta, não ouve os que poderiam evocar sua futura queda. Mais grave do que isso, ele já não é receptivo aos ritmos universais. O animal do topo representa a mesma indeterminação no nível de sua natureza. Inúmeros autores o identificam com a

Esfinge. Com efeito, ele revela alguns de seus aspectos: a postura física, as asas, as patas de leão. Entretanto, também é possível reconhecer nessa figura mítica uma espécie de diabrete, que curiosamente se parece com a encarnação do Diabo do Tarô de Marselha (arcano XV). Esse paradoxo gráfico pode explicar-se como se concretizasse a oposição entre a evolução percebida (Esfinge) e a evolução real (Diabo). A fase descendente é materializada por um animal que lembra um macaco. Ela representa o período mais temido, identificado com o fracasso, com a queda e com a regressão. Após ter chegado às altas esferas, pelo menos no plano ideológico, o ser humano retorna a um estado subvalorizado e sente medo. Volta a ser homem entre os homens.

O arcano X define simbolicamente os princípios que fundamentam o Universo. Estipula a existência de um movimento perpétuo, o único a garantir a vida. A paralisação desse ritmo contínuo, expresso na vontade de eternidade, equivale à exclusão ou à ruptura da dinâmica vital. Querer atingir um ápice para nele se fixar (atitude da esfinge-diabo) é ilusório e nega a imutabilidade da mudança. O sofrimento é sempre o resultado da incompreensão dessa realidade fundamental: a vida é um eterno recomeço. Apenas ao se estabelecer no movimento é que o homem pode reduzi-lo.

Sentido psicológico

A Roda da Fortuna é extremamente rica e complexa. Repousa em dois princípios: um passivo, que reside em seu valor descritivo, e outro ativo, que reside em seu valor interpretativo.

Ilustra de maneira simbólica o funcionamento de todas as coisas, o mecanismo no qual se articula todo fenômeno. Encarna o Cosmo, o Universo, a vida ou ainda o tempo. É a Roda da Existência, princípio encarnado pela noção oriental de Samsara. É a expressão do ritmo imutável e contínuo dos ciclos naturais. É essa sucessão de altos e baixos, de alegrias e tristezas, de êxitos e fracassos.

Ao simbolismo da roda está associado aquele do triângulo, materializado pelos três animais.

Desse modo, encontramos apresentadas na Roda da Fortuna duas concepções justapostas: a primeira (a da roda) é oriental; a segunda (a do triângulo) é ocidental. Com efeito, especialmente no pensamento cristão, a tradição ocidental propõe uma representação piramidal da existência e do percurso do homem. Para ele, trata-se de subir. Como prova disso, basta evocar o vocabulário (tanto religioso quanto profano): fala-se de ascensão, elevação, ápice, degraus.

Essa visão ascensional das coisas é tão espiritual quanto social. Ultrapassar sua condição é evoluir da base ao topo. Não apenas se passa da parte inferior para a superior, mas também se progride da quantidade para a qualidade. Há nisso uma noção de seleção. Quanto mais se sobe, mais o número se restringe por razões tanto geométricas (forma do triângulo) quanto conceituais (poucos eleitos). Contudo, essa definição exclui a noção de movimento. Ela repousa em um modelo rígido e estático. Ora, tudo é movimento, a começar pelo tempo: todo ser é chamado a nascer, a crescer e a desaparecer, pelo menos em sua realidade física. Tudo se move constantemente, a vida é movimento. Ela se opõe ao imobilismo sem interrupção.

Se os ocidentais adotam um sistema de representações ascensionais, os orientais substituem a noção de ápice pela de centro. É o caminho do meio. Mais do que querer atingir uma altura que não tem realidade física, trata-se de entrar no coração do sistema. Mais do que se opor aos ritmos, trata-se de se fundir dentro deles. Mais do que gastar sua energia em uma luta inútil, trata-se de aceitar. A aceitação desse perpétuo movimento não é submissão, mas compreensão.

A vida é mudança. Recusar essa mudança é escolher morrer (física ou mentalmente). Em si, esse movimento é neutro, e é o homem que o carrega de emoções positivas ou negativas. A definição de um sistema de valores subjetivos faz com que o indivíduo e a sociedade em seu conjunto associem noções de felicidade ou infelicidade aos ritmos: desenvolver-se ou crescer é positivo, declinar ou envelhecer é negativo; ganhar ou enriquecer é positivo, perder ou empobrecer é negativo, e assim por diante. Entretanto, na realidade, nada é bom ou ruim, mas tudo é útil. Na primavera, a natureza desperta, as árvores florescem, as plantas crescem; no inverno, a natureza dorme, nada mais se move, pois ela repousa para poder desabrochar melhor mais tarde. No entanto, a primavera não é mais positiva do que o inverno: ambos são necessários. Não haveria primavera sem inverno. O mesmo vale para a existência humana.

Eis por que, na tradição oriental, a atitude fundamental (ou seja, a que reduz o sofrimento e permite a paz interna) é encontrar o centro. Segundo o sistema de símbolos da roda, os seres estão presos à circunferência, portanto, à parte mais afastada do centro. Nesse estágio, sentem com força e dor os diferentes tempos de ascensão, equilíbrio e declínio. Entrar no coração do sistema significa aproximar-se aos poucos do centro, para finalmente o alcançar. A roda continuará girando da mesma maneira e segundo as mesmas regras, mas as diferenças serão abolidas, pois a amplitude se reduzirá progressivamente até atingir a estabilidade do centro.

Cenário de vida

A mitologia grega nos dá um excelente modelo dessa representação filosófica com o mito de Sísifo. O herói deve sua fama ao suplício que lhe foi reservado por Zeus. As lendas divergem quanto à razão de seu infortúnio póstumo, mas a definição da tortura à qual é submetido permanece a mesma segundo todas as versões.

Sísifo havia usurpado seus direitos e, portanto, desrespeitado as divindades. Ao morrer, foi enviado para o Tártaro, local de todas as torturas, onde foi condenado a rolar uma enorme pedra pela encosta de uma montanha até atingir o topo. Infelizmente, mas segundo toda a lógica, assim que chegava ao cume, a pedra rolava para baixo. Nada mais restava ao pobre Sísifo além de descer para empurrar com dificuldade sua pedra até o topo pela eternidade. Dos filósofos aos escritores, todos que se dedicaram a estudar o mito de Sísifo nele viram a ilustração da condição humana. O homem empenha-se em subir: ou seja, em aumentar seus bens, obter um reconhecimento social, fundar uma família perfeita, esquecendo-se de que nada é definitivamente conquistado e de que, portanto, ao apogeu segue-se o declínio. O mito mostra como é difícil elevar-se (é preciso empurrar a rocha). Ele evidencia a quantidade de esforços, a prodigiosa vontade e o tanto de trabalho necessários para se chegar ao cume. Por outro lado, ressalta a rapidez e a facilidade com que tudo se desfaz (aceleração na descida).

Por essa razão, a Roda da Fortuna encarna a repetição do mesmo. Em um plano psicológico, ela se parece com o retorno constante dos mesmos cenários, das mesmas atitudes, das mesmas situações, que fazem com que o indivíduo se sinta acorrentado, como prisioneiro de uma espiral infernal. Essa sucessão repetitiva gera o sofrimento ou, em todo caso, a lassidão. Inúmeras pessoas têm essa sensação de sempre recomeçar os mesmos erros (fracasso na relação afetiva, reinserção em uma situação profissional da qual se tinha fugido anteriormente). Enquanto não voltarmos à origem (ou seja, ao coração, ou ao centro), o evento se reproduzirá com a mesma regularidade. A conscientização é necessária e a única capaz de libertar desse mecanismo de repetição.

Palavras-chave
Evolução, ciclo natural, ceder, dinâmica, mudança.

Desejos, medos e sentimentos
Na posição correta: você tem vontade de evoluir, mas lentamente e sem violência. Deseja que a roda gire e que, por fim, você obtenha o fruto de seus esforços.

Na posição invertida: você se sente bloqueado e impedido em sua evolução. Já não suporta a espera nem o imobilismo impostos pela vida. De fato, de uma maneira consciente ou não, você sente medo das mudanças. É capaz de desejar que sua vida evolua, recusando ao mesmo tempo que ela se afaste dos planos que você havia estabelecido.

Potencialidades

Na posição correta: você é flexível e sabe se adaptar. Sua atitude aberta e confiante lhe permite ter êxito naturalmente, sem forçar nada. É receptivo, está em harmonia com os ritmos da vida e sabe, por instinto, fundir-se às correntes universais.

Na posição invertida: você é muito estático, rejeita todas as mudanças que não vão no sentido de seus desejos. Agindo assim, você corre o risco de bloquear totalmente a situação e de se privar da possibilidade de avançar. Sua resistência pode condená-lo a suportar o imobilismo e a esterilidade.

Estratégias

Na posição correta: não se oponha às mudanças, mas receba-as positivamente, sabendo tirar delas todos os benefícios. Não tente controlar tudo. Você será mais feliz se aceitar ceder perante situações contra as quais nada pode fazer.

Na posição invertida: talvez a ausência de movimento se deva à sua atitude; por conseguinte, toda mudança só poderá intervir se você se abrir ao movimento da vida e aceitar as situações que se apresentam espontaneamente.

Divisa

Na posição correta: *Lembrem-se bem, meus filhos, de que a única coisa constante que existe é a mudança* (Buda).

Na posição invertida: *Considerar permanente o que é apenas transitório é como a ilusão de um louco* (Kalu Rinpoche).

A Força

O arcano XI do Tarô de Marselha põe em cena uma mulher em pé, com o rosto ligeiramente virado para a direita, e com um chapéu em forma de lemniscata (oito alongado). Pode parecer paradoxal representar a força com os traços de uma mulher. Essa escolha define a natureza do princípio simbolizado. Não se trata de uma força muscular e violenta, mas de uma força interior e branda. Tal como entendida na décima primeira lâmina do Tarô de Marselha, a força não constitui uma propriedade física, mas uma qualidade moral.

O animal que a mulher domina se situa entre o leão e o cão. Dependendo do observador, ele é definido ora como um, ora como outro. Por certo, essa indeterminação se deve ao fato de que ele apresenta as qualidades dos dois animais: a selvageria e o poder do leão, aliados à domesticidade e à fidelidade do cão. Seja qual for o animal, em seu valor arquetípico ele simboliza a dimensão instintiva e pulsional do ser humano.

A mulher abre a boca do leão. Poderíamos associar essa cena a um exercício de domesticação, no qual o ser humano submete o animal à sua vontade. No entanto, vários elementos definem o valor iniciático do ato. Em primeiro lugar, observa-se a ausência total de objetos ou atributos. O ato se realiza diretamente, sem recurso a elementos externos. Sem armas para intimidar ou garantir sua autoridade: nem chicote, nem bastão, tampouco uma promessa de recompensa. Existem apenas a mulher e o animal. Portanto, é apenas por sua força interna que a mulher exerce essa influência. Em segundo lugar, a mulher não parece fazer esforço. Cumpre sua tarefa com uma evidente facilidade, pois consegue manter a boca do animal aberta apenas com a ponta dos dedos. Em terceiro, o animal não manifesta nenhum sinal de luta ou oposição. Parece consentir e até participar plenamente do ato. Não é ameaçador para a mulher. Nenhuma corrente o prende: nem coleira, nem correia. Enfim, ele se apoia na mulher em sinal de abandono, numa atitude confiante.

A Força simboliza o triunfo do espírito sobre o corpo. Com efeito, segundo todas as tradições religiosas ou esotéricas (cristianismo, islamismo, judaísmo, hinduísmo, budismo, taoísmo), a espiritualidade passa pelo controle dos sentidos.

Sentido psicológico
No plano psicológico, o arcano XI remete ao domínio dos instintos. Ele afirma o poder do homem não sobre a natureza,

mas sobre sua própria psique. Representa a força de vontade, bem como o poder mental, a vitória do eu sobre o id. Contudo, esse domínio das pulsões não deve realizar-se em um enrijecimento, e sim na compreensão dos desejos.

Por exemplo, a bulimia, a dependência de drogas ou qualquer outro distúrbio comportamental revelam uma falha na constituição do eu. As pulsões libidinais se tornam ameaçadoras não apenas para o equilíbrio físico, mas também para o psicológico. A Força nos mostra o caminho a ser seguido, que não é resposta violenta, mas comunhão. Não se trata de opor-se aos desejos, mas de compreendê-los, a fim de aceitá-los e reduzi-los. Toda reação coercitiva se revela inadequada por gerar conflitos (por exemplo, privar o próprio corpo de alimento). Em vez de favorecer a união psicossomática, opõe-se o corpo ao espírito (um se torna superior ao outro, ou seja, um dirige o outro).

A mulher não mata o animal: portanto, não se trata de suprimir todo desejo, todo sentimento ou toda emoção. No arcano XI, o domínio não consiste em exterminar a dimensão física, instintiva e emocional. Muito pelo contrário, o espírito e o corpo coexistem e coabitam na harmonia. A Força reside menos na dominação dos instintos do que na ausência de submissão a eles. Não é a existência do corpo ou dos desejos que constitui um obstáculo à elevação mental, e sim a sujeição aos sentidos que freia toda progressão.

A escolha do animal não é neutra: o leão representa o aspecto perigoso que o corpo pode revestir se nos submetermos a ele; o cão se identifica com o caráter domesticável dos instintos.

Cenário de vida

A Força se exprime na passagem da posição de objeto à de sujeito. Nas impressões pessoais fornecidas na carta, o que se revela significativo é o elemento com o qual o indivíduo se identifica. Com efeito, ele pode reconhecer-se na mulher (sentimento de exercer um controle sobre a própria vida) ou no animal (sentimento de sofrer uma autoridade superior ou o peso de uma situação). Em um ou outro elemento, essa projeção evidencia a maneira como o sujeito se define. À primeira vista, também se pode reconhecer a instauração de uma relação de força, o estabelecimento de uma relação dominador-dominado. Nesse caso, a lâmina assume sentido por revelar uma situação conflituosa. Um olhar superficial, no qual não nos conscientizamos da ausência do chicote nem da brandura do ato realizado, conduz a um sentimento de coerção, tanto mais doloroso se o indivíduo se sentir submisso em sua própria vida.

A flexibilidade comportamental também constitui um aspecto do arcano, que permite esclarecer a definição da virtude, pois a força figura na categoria das virtudes cardeais. Por certo, ser forte é ser a mulher do arcano XI, mas igualmente – e ao mesmo tempo – é ser o animal. De fato, em um plano filosófico, um não é mais forte do que o outro, pois, para instaurar essa relação de harmonia e de confiança, é necessário ter o mesmo grau de evolução, ou seja, possuir as mesmas qualidades. Se a mulher é "forte" porque consegue realizar seu ato sem agredir o animal, ele é "forte" por compreender e aceitar o que lhe é pedido. Ele poderia opor-se, mas se entrega.

Quando dois elementos estão presentes, cada um participa à sua maneira da obra realizada. A força do animal é a humildade. Nesse sentido, "ser forte" não significa ser um *ou* outro, mas ser um *e* outro. É preciso saber dirigir e seguir, agir e nada fazer, falar e calar-se. A verdadeira força reside na capacidade de passar sem esforço de um a outro.

Palavras-chave

Energia, força, saúde, poder, domínio de si mesmo.

Desejos, medos e sentimentos

Na posição correta: você sente necessidade de se afirmar, de ser você mesmo, de se fazer entender e reconhecer. Por conseguinte, é determinado, psicologicamente sólido e capaz de enfrentar todas as situações.

Na posição invertida: você duvida muito das suas capacidades. É vulnerável do ponto de vista psicológico e não lida bem com a crítica ou a adversidade. Esse moral baixo subjacente também pode afetar seu entusiasmo. Mesmo que não lhe falte energia, você se sente esgotado só de pensar no esforço que terá de fazer. Em vez de lutar, prefere submeter-se, ser assumido e assistido por alguém.

Em uma situação extrema, você pode nutrir angústias em relação a seu corpo, especialmente o medo de ficar doente.

Potencialidades

Na posição correta: você tem energia para dar e vender, além de extraordinários recursos físicos e psíquicos. Sua força lhe permite tanto atingir seus objetivos quanto reagir perante a adversidade. Seu estado de espírito positivo e confiante no futuro é sua melhor arma.

Na posição invertida: falta-lhe confiança em si mesmo, e você não consegue afirmar-se. Com sua atitude apagada e servil, você corre o risco de fracassar em suas iniciativas, de sucumbir ao domínio de uma pessoa tirânica ou ainda de desenvolver um fatalismo estéril, submetendo-se às circunstâncias.

Estratégias

Na posição correta: afirme-se. Assuma a direção de sua vida. Utilize sua energia com discernimento. Engaje-se, pois você tem saúde e força interna para mover montanhas. Pratique esportes, mexa-se, caminhe, oxigene-se.

Na posição invertida: pare de se fazer de vítima. Busque seus recursos no fundo de si mesmo. Provavelmente você tem mais do que imagina. Quanto mais se entregar e se submeter às circunstâncias, mais a vida lhe parecerá difícil e as provas, insuperáveis. Reaja fazendo de sua fraqueza atual uma força.

Divisa

Na posição correta: *Ter talento é ter fé em si mesmo, em suas próprias forças* (Máximo Gorki).

Na posição invertida: *É claro que a tranquilidade mental é um fator de boa saúde. Se você quiser ter boa saúde, não procure um médico: procure o que há dentro de você* (XIX Dalai Lama).

O Pendurado

O arcano XII do Tarô de Marselha põe em cena um homem suspenso pelo pé esquerdo em uma viga verde. A postura invertida do personagem induz a dois efeitos: no plano material, indica a impossibilidade de agir e de realizar (já não ter os pés na terra); no plano espiritual, representa outra visão da realidade, um olhar diferente sobre as coisas e os seres (visão do interior, e não da superfície).

A inversão espacial do corpo, praticada especialmente na ioga, tem por efeito permitir que as energias circulem melhor. Assim, se de certa forma o Pendurado se vê privado de seu corpo, suas potencialidades mentais, intelectuais e espirituais são bem desenvolvidas. De resto, a perfeita verticalidade do corpo é surpreendente, pois, estando suspenso apenas por um pé, seria normal que seu corpo ficasse em posição oblíqua. Portanto, o Pendurado encontrou um justo equilíbrio na difícil situação à qual está submetido.

Ao observar a carta com atenção, percebemos que o personagem não está exatamente dependurado. A corda não passa ao redor de seu tornozelo. Se não está preso pelo corpo, está preso pela cabeça. O aspecto mental e a conexão com os pensamentos bastam para mantê-lo desse modo. Por outro lado, a corda se situa no nível do calcanhar esquerdo. Ora, em referência ao simbolismo do corpo humano, o calcanhar exprime a vulnerabilidade, tal como aparece na lenda dos heróis gregos Aquiles e Édipo.

A moldura da carta é constituída por duas árvores. O grafismo é estranho e evoca igualmente uma inversão. No entanto, os brotos permitem supor uma ordem correta. Sua cor é interessante, pois eles associam dois tons reconhecidos por seu dinamismo: o amarelo e o vermelho. Assim, os elementos externos são mais ativos que o personagem. A moldura também tem uma existência própria e independente da atividade humana. Lembra que a natureza nunca interrompe sua obra e que o homem deve pautar sua conduta por ela.

Por um lado, o número 12, dado ao Pendurado, marca o cumprimento de um ciclo na aceitação positiva do duodenário. Por outro, simboliza a dificuldade, o valor e o ensinamento da iniciação. Remete ao paradoxo do arcano, sugerindo, ao mesmo tempo, o sofrimento e a tranquilidade, a imobilidade física e o movimento interno.

O arcano XII constitui uma prova dolorosa, mas necessária. Ele ameaça a continuidade das coisas, ao mesmo tempo que assegura uma abertura mental e espiritual. Representa o aprisionamento, o fechamento, que intervêm como a consequência dos erros anteriores. Entretanto, a privação simbólica do movimento físico aumenta a atividade mental. Do mesmo modo, a posição invertida cria uma visão diferente da realidade. Por fim, o arcano ensina que é nas dificuldades que se revela a resistência individual à prova, e não no conforto. A dúvida é necessária e construtiva se proceder do desejo de compreender.

Sentido psicológico

O Pendurado não traduz um evento dramático, mas, antes, a perda dos meios de ação. Todas as situações de conexão, aprisionamento e sujeição se encontram manifestadas nele, ao mesmo tempo que a oportunidade que elas oferecem de se abrir, de despertar e de compreender.

A primeira pergunta a ser feita é a seguinte: por quê? Por que ele está dependurado? Em comparação com a lâmina anterior, podemos, com razão, nos espantar com seu estado atual. Como a Força pode gerar o Pendurado? Por certo, não se deve considerar nenhuma relação de causa e efeito entre esses dois arcanos. No entanto, a décima segunda lâmina intervém como o resultado de um comportamento anterior. Para encontrar sua origem, é necessário remontar no tempo (ou seja, na ordem cronológica dos arcanos). Alguns elementos, presentes tanto no grafismo quanto no número, podem ajudar-nos em nossa pesquisa.

O ternário e seus múltiplos (tanto pela redução do número 12: 1 + 2 = 3, quanto pelos brotos das árvores e pelos botões da roupa) são predominantes. Sugerem a presença de outra ordem das coisas e dão um segundo ritmo. Por outro lado, no plano estritamente gráfico, vemos na composição da carta uma evidente analogia com o Enamorado. O personagem do arcano VI é cercado por duas mulheres, e o Pendurado, por sua vez, é emoldurado por duas árvores. Ambos constituem o elemento central, disposto no meio. Entretanto, se ao Enamorado é oferecido um papel ativo de alguém que decide, ao Pendurado é conferida uma posição passiva e submissa. O Enamorado pode e deve fazer tudo: seu futuro está em suas mãos. O Pendurado não pode nem deve fazer nada: somente a espera lhe é autorizada e aconselhada.

O Enamorado ilustra a escolha existencial, e o Pendurado é a consequência da recusa da escolha. É o resultado dos acordos duvidosos, do desejo de tudo conciliar, da vontade de nada perder. Nesse aspecto, torna-se o arcano do sacrifício necessário e incontornável. Estipula que toda conexão com um objeto, uma pessoa ou uma situação se origina quando o indivíduo tenta evitar alguma coisa.

Todavia, os entraves, os obstáculos e as dificuldades materiais incitam a abrir-se a outra dimensão, mais espiritual. Eis por que, embora represente um período de adversidade e provação, o Pendurado também simboliza a possibilidade de um desenvolvimento interno.

Cenário de vida

O Pendurado reveste um aspecto de angústia pela inversão do corpo. Por essa razão, ele simboliza a diferença e até mesmo a anormalidade. Pode corresponder ao sentimento de exclusão: não se sentir como os outros. A impotência desencadeada pelo personagem também cria certo desconforto. Ele é impedido em sua ação. Seu nome sustenta o simbolismo da lâmina. Muitas pessoas se percebem dessa forma ("estou dependurado"): submissas, refreadas em seus esforços e até inúteis.

Seu valor positivo, no nível da percepção subjetiva, pode estabelecer-se pela ausência aparente de sinais de sofrimento. Em geral, ele não traduz uma situação dolorosa, mas, antes, a perda dos meios de ação. Por outro lado, tal como o Diabo, ele sugere o apego, em referência à corda. Toda situação de conexão e sujeição se encontra manifestada aqui. Ele produz essencialmente a perda da liberdade e simboliza os vínculos, afetivos ou materiais, que se tornaram imobilizadores.

Palavras-chave

Aprisionamento, bloqueio, coerção, impotência, sacrifício necessário.

Desejos, medos e sentimentos

Na posição correta: você não se sente à vontade. Tem a sensação de estar limitado, fechado e de não poder realizar-se como gostaria. Percebe a inadequação entre seus sonhos e a realidade. Aspira a mudanças, mesmo sentindo-se incapaz de agir. Tem a impressão muito forte de estar submetido às circunstâncias. Sente-se bloqueado e impedido em sua evolução. No entanto, a essa sensação pode associar-se uma abertura espiritual proveitosa.

Na posição invertida: você sente a necessidade de encontrar sua liberdade, de romper as correntes que o prendem, de sair do túnel, de encontrar soluções para seus problemas. Já não quer obrigar-se a uma coisa ou outra, forçar-se a ser como isso ou aquilo; deseja ser você mesmo e escolher o caminho que lhe agradar, mesmo que ele esteja em contradição com sua educação, seu ambiente ou as ideias preconcebidas.

Potencialidades
Na posição correta: você está preso às ideias preconcebidas, aos princípios rígidos e às convenções. Antes de tudo, é prisioneiro de seu espírito, de seus pensamentos e de suas emoções. Reprime seus desejos, suas pulsões e seus sentimentos, em vez de exprimi-los livremente.

Do ponto de vista positivo, você é capaz de se obrigar, de se submeter às exigências da situação e até de se sacrificar.

Na posição invertida: seu otimismo deve permitir-lhe vencer obstáculos e se libertar das convenções. Você não se preocupa com as falsas aparências, o que lhe permite ser você mesmo em todas as circunstâncias. Age livremente sem se sobrecarregar com considerações supérfluas.

Estratégias
Na posição correta: há sacrifícios necessários. Veja o que você pode suprimir em sua vida para aliviar seu emprego do

tempo, suas responsabilidades ou seus problemas. É preciso se liberar das obrigações (morais ou externas) que o impedem de ser você mesmo. Não é necessário sofrer para progredir. E, se for obrigado, saiba, como a criança, reencontrar o gosto pelo esforço alegre.

Na posição invertida: mude seu modo de funcionamento e autorize-se a ser feliz, sem ter sempre de lutar por alguém ou alguma coisa. Liberte-se das ideias comumente admitidas, que o limitam e aprisionam. Confie em si mesmo.

Divisa

Na posição correta: *Todo escravo tem em mãos o poder de romper sua servidão* (William Shakespeare).

Na posição invertida: *Ninguém pode lhe dar a liberdade; ela deve ser encontrada em você mesmo* (Krishnamurti).

O Arcano XIII ou A Carta da Morte

O esqueleto do arcano XIII é animado por uma vida, manifestada por sua cor de carne (princípio vivo de todas as coisas) e por sua atitude (pois age e se desloca). Confirmando esse sentido, sua coluna vertebral evoca uma espiga de trigo.

A foice, sua ferramenta, corta com precisão, sem hesitação nem fraqueza. Tudo o que ultrapassa, ou seja, tudo o que está na superfície é implacavelmente cortado. Em contrapartida, deixa as raízes intactas. Destrói o superficial para salvaguardar apenas o essencial. Os membros esparsos no solo aumentam o caráter macabro da carta. Exprimem as ideias de desmembramento, dilaceração e explosão do eu.

A vegetação participa do mesmo simbolismo da cor do esqueleto ou da forma de sua coluna vertebral: é sinônimo de vida e fecundidade. A morte não é estéril, longe disso. Ao contrário, ela cria vida. Portanto, não é seu oposto nem sua finalidade, mas seu indispensável complemento. Por outro lado, a vegetação permanece intacta, como se a foice a poupasse ou como se ela desabrochasse instantaneamente. Nesse sentido, ilustra a esperança de um renascimento. A morte não poderia ser definitiva nem permanente; é apenas uma passagem, uma transição.

O número 13, dado ao arcano sem nome, também conhecido como A Morte, remete a intensas superstições, a crenças e medos fortemente ancorados. Desse modo, aumenta o caráter assustador da lâmina. A ausência de nome segue no mesmo sentido, traduzindo a não apropriação e a ignorância fundamental.

No plano iniciático, a lâmina ensina que toda crise se resolve com o abandono de certos objetos, desejos ou projetos. Essa passagem pela morte comporta um termo destrutivo, ligado ao sentimento de perda ou de luto, e um termo construtivo, ligado à nova criação possível.

Sentido psicológico

O arcano XIII evoca a mais poderosa e radical das transformações que se pode conceber. Ela não é termo nem finalidade, mas transição necessária e vital.

Vários arquétipos estão presentes: o esqueleto, a foice, a mutilação. A décima terceira lâmina provoca necessariamente reações, enquanto as outras podem nos deixar indiferentes.

Participa do mesmo simbolismo de seu número. A percepção dos outros arcanos é individual e repousa na psicologia do sujeito. Aqui a percepção é, em sua maior parte, coletiva. A ausência de nome contribui para criar um sentimento de temor ou incerteza. Nomear é conhecer. Um nome sempre é tranquilizador: permite a troca e a comunicação. Sem nome, o arcano XIII não autoriza essa identificação intelectual. Ele se dirige apenas ao inconsciente, pois, na composição e na descoberta de uma lâmina, a imagem e o número (como símbolos) apelam para o inconsciente, enquanto o nome repousa em uma dimensão consciente. Do ponto de vista psicanalítico, tudo o que pode ser nomeado é consciente. A esse respeito, fala-se em verbalização. Todos os pensamentos inconscientes só chegam à consciência por meio do verbo. Do contrário, escolhem uma manifestação simbólica que necessita de uma interpretação.

O arcano XIII também remete às angústias da morte. Não apenas a morte física, mas também a destruição das situações estabelecidas em sua vida. Ele se vincula às ideias de desmembramento, como se sua passagem separasse o que estava unido ou, mais exatamente, o que parecia unido. É a ruptura do equilíbrio.

Cenário de vida

O arcano XIII constitui uma etapa fundamental da existência humana. Sua situação no jogo é reveladora de seu efeito: ele não descreve um termo nem uma finalidade, pois se situa perto do meio do conjunto das 22 lâminas maiores. Existe alguma coisa após o arcano XIII. É apenas uma passagem, uma transição de um estado a outro. Pode-se considerar a lâmina em três planos: o real (físico), o simbólico (interno) e o iniciático (espiritual):

- No plano físico, a lâmina é uma ilustração da morte, mas nem por isso é a morte ou, pelo menos, não a morte como fim. Ela assinala os níveis envolvidos: o corpo é afetado. Retorna à sua mais simples expressão. Portanto, as diferenças físicas são apenas artificiais, pois a construção do corpo é a mesma para todos. Implica um retorno ao estado original e induz ao desligamento em relação ao corpo, que é apenas um invólucro. Por outro lado, a construção do corpo contém a vida. Nesse sentido, se é o fim de um estado, não é o fim do ser. Age no nível do mundo fenomênico e deixa intactos os fundamentos ou as raízes de todas as coisas.
- No plano simbólico, a lâmina encarna o princípio de transformação. Com mais força ainda do que a Roda da Fortuna, ela reafirma que tudo é mudança. Tudo é suscetível de se romper, de se quebrar ou de se partir. Não apenas o homem é mortal, mas também todas as suas criações, materiais ou afetivas.
- No plano iniciático, a morte constitui uma passagem obrigatória. Não há evolução concebível sem morrer. Evidentemente, trata-se de uma metáfora. O falecimento intervém apenas em um nível simbólico, como a expressão do abandono de sua antiga personalidade (profana) em benefício de uma nova (iniciada). Todos

os ritos iniciáticos se baseiam na superação de limites e comportam um cenário funesto. Trata-se não somente de se transformar, mas também de se confrontar com o princípio perturbador e temido da morte, de compreender seu significado oculto e de abandonar as angústias que ela gera. Conscientizar-se da verdadeira natureza da morte equivale a aceitar a vida plenamente e sem restrição. O sábio não deseja nem teme a morte; ele apenas a considera uma etapa natural e necessária.

Palavras-chave
Transformação, destruição, ruptura, abandono e desligamento.

Desejos, medos e sentimentos
Na posição correta: você sente a necessidade de virar a página, passar uma borracha, renovar-se. De uma maneira mais específica, talvez você esteja perturbado com as angústias da morte. De resto, elas são descendentes diretas das transformações que você espera e teme ao mesmo tempo.
Na posição invertida: você teme a novidade. O desconhecido o assusta. Portanto, você tem dificuldade para evoluir como deseja, pois, a contragosto, mantém-se em situações que nem sempre são satisfatórias, mas que são mais confortáveis do que questionar tudo.

Potencialidades
Na posição correta: sua determinação está no máximo e deve permitir-lhe ir até o fim do que você havia decidido.

Nada pode detê-lo, e você é capaz de assumir as grandes mudanças que deseja.

Na posição invertida: você não está pronto para viver transformações profundas ou totais. Prefere os acordos às mudanças radicais. Nesse sentido, busca preservar os outros; busca mais ainda, porém, preservar a si mesmo. Falta-lhe coragem. Por outro lado, seu senso do comedimento lhe permite organizar a situação, evitando rupturas ou quebras e decisões definitivas.

Estratégias

Na posição correta: não faça as coisas pela metade. Às vezes, é preciso passar uma borracha definitiva no passado. Não hesite em dar uma boa varrida, mas faça uma triagem e não destrua tudo ao passar.

Na posição invertida: dê tempo ao tempo e não tente reformar tudo. Em seu caso, uma coisa de cada vez poderia ser a melhor divisa. Prefira os métodos brandos àqueles radicais.

Divisa

Na posição correta: *Nem sempre é preciso virar a página; às vezes é necessário arrancá-la* (Achille Chavée).

Na posição invertida: *A regeneração do indivíduo não é para mais tarde, mas para agora, e se você adiar sua mudança para amanhã criará confusão e será tragado pela onda do obscurantismo. A regeneração é para hoje, não para amanhã, pois a compreensão existe apenas no presente* (Krishnamurti).

A Temperança

O arcano XIV do Tarô de Marselha põe em cena uma mulher alada, cuja cabeça e cujo corpo estão inclinados para a esquerda. Tal como para a Justiça (arcano VIII) ou a Força (arcano XI), a terceira virtude que aparece no tarô é encarnada pelo princípio feminino. Desse modo, ela exprime suas qualidades de receptividade. Toda virtude é passiva, ou seja, está potencialmente contida no homem mas não é manifestada. A mulher é provida de grandes asas de cor de carne, o que a identifica com um anjo. Aqui, o símbolo tende a especificar a natureza de Temperança: ela é imaterial, leve e aérea. Não é palpável nem definível pela razão. As asas são um símbolo de atenuação e libertação pelo fato de que livram do peso terrestre. O voo sugere a saída do corpo, a desmaterialização.

Tudo na décima quarta lâmina confina com o equilíbrio. Do mesmo modo, as cores se alternam regularmente, sem que o azul predomine sobre o vermelho ou o inverso. As polaridades positiva e negativa estão em perfeita harmonia.

A mulher alada cumpre uma ação que parece imutável, que é de união, e não de produção. Relaciona duas coisas que, anteriormente, estavam separadas. Une dois vasos por um princípio de fluidez. Eles não entram em relação um com o outro por um contato direto, mas é um terceiro elemento, outra substância, que permite a interação. Portanto, não se trata de um contato material ou físico, e sim de um vínculo imaterial e indefinível, que faz intervir um mediador, um agente externo e conciliador.

O filete que une os dois vasos é branco e retorcido. Desse modo, exprime a neutralidade do princípio: a cor branca, virgem, não limita o vínculo estabelecido, mas, ao contrário, abre-o para todas as possibilidades.

A ausência de artigo definido, que singulariza o nome da lâmina, pode explicar-se pelo aumento das expressões de unificação, ligação e mediação às quais a Temperança remete.

O arcano XIV encarna por excelência o princípio da troca. Representa a comunicação desinteressada, ou seja, sem expectativa de resultado. No nível esotérico, que sucede ao arcano XIII (que evoca a morte), a décima quarta lâmina representa a fase de adaptação necessária após uma grande transformação. As asas significam um renascimento. A lâmina implica a obrigação de centrar-se novamente, permitindo a troca para equilibrar as energias internas. Se o arcano XIII desestabiliza para permitir a morte, a Temperança equilibra para permitir a vida. A virtude sugerida é a moderação.

Sentido psicológico

O arcano XIV se baseia no princípio segundo o qual nada se perde, nada se cria, tudo se transforma. Na sequência do arcano XIII, ele especifica o valor da passagem tão temida: transformadora e libertadora. Além disso, implica a obrigação de novamente centrar-se, permitindo a troca para equilibrar as energias internas. As qualidades sugeridas associam-se às noções de ponderação, equilíbrio e troca. Após um período de ruptura (arcano XIII), é aconselhado a se readaptar plenamente às novas condições de existência, sem se arrepender das antigas.

No plano psicológico, a presença das asas, que libertam do peso, remete à noção psicanalítica de sublimação. Em vez de serem objeto de submissão e apego, as pulsões se enobrecem e se elevam nas atitudes criadoras. A libido se desloca e se concentra em outros objetivos. A energia sexual, definida por Freud, canaliza-se na busca por uma superação e em uma vontade de pureza e perfeição. Isso traduz bem o símbolo do anjo, que nos espíritos corresponde à sabedoria encarnada.

Pelo princípio da troca, a Temperança também representa o trabalho de colocar em relação, necessário para a compreensão das situações. Ela permite estabelecer vínculos e, por essa razão, poderia assemelhar-se à atitude analítica de busca de sentido. Para compreender, é necessário associar os acontecimentos entre si, as representações entre si. Desse modo, por seu valor unificador, a lâmina se opõe às noções de divisão e desmembramento. É tranquilizadora e, na maior parte do tempo, reveste um valor positivo para o observador.

Cenário de vida

Temperança, a terceira virtude que aparece no tarô, evoca a moderação. Convida a evitar o excesso destrutivo, a respeitar a harmonia das coisas, a evitar a violência, a cólera e outras paixões destrutivas. A Temperança prega a serenidade, a compreensão e a inteligência do coração. Desse modo, fundamenta o princípio sagrado da relação que deve estabelecer-se entre si e o ambiente.

Comunicar surge como uma necessidade, despojada de qualquer expectativa. Se os dois vasos entram em interação um com o outro, permanecem livres e separados um do outro. Conservam sua verdadeira natureza. Dessa forma, comunicar não é recusar as diferenças; amar não é se fundir ao outro, muito pelo contrário. Trata-se simplesmente de estabelecer um vínculo.

Temperança é uma lâmina de harmonia. Seu traçado arredondado, a brandura do ato e a troca estabelecida exprimem a resolução dos conflitos. Ela se opõe ao excesso e assegura o equilíbrio perfeito. Descreve o caminho do meio.

Palavras-chave

Comunicação, troca, fluidez, adaptação, compreensão.

Desejos, medos e sentimentos

Na posição correta: você sente uma profunda necessidade de comunicação. Deseja partilhar, trocar e criar vínculos. Aspira ao equilíbrio, à moderação e à serenidade na conciliação dos contrários e das diferenças, bem como na redução dos conflitos internos e externos.

Na posição invertida: você não se sente em harmonia consigo mesmo nem com seu ambiente. Experimenta uma dissonância entre seus desejos profundos e a realidade, entre o que diz e o que pensa. Deseja sair das relações convencionais e dizer o que tem a dizer, sob o risco de fazer inimigos.

Potencialidades

Na posição correta: você busca encontrar pessoas, fazer novos amigos e, por conseguinte, adota uma atitude aberta e calorosa. É capaz de dialogar, de falar, mas também de ouvir. Dá provas de equilíbrio e moderação e evita os excessos, tanto nas ideias quanto nos atos.

Na posição invertida: você tem dificuldade para aparar as arestas ou transigir. Sua franqueza e sua atitude exigente podem estar na origem de problemas de comunicação, mas também podem estabilizar algumas situações, especialmente aquelas nas quais reina o não dito. Com efeito, você é capaz de pôr tudo em pratos limpos, de dizer o que deve ser dito, sem se preocupar em salvar as aparências a todo custo. Você não lança a carta da conciliação a qualquer preço. Porém, cuidado com o comportamento sistematicamente agressivo ou com a raiva mal controlada, que não contribuem com nada, prejudicam a harmonia e se opõem a trocas construtivas e positivas.

Estratégias

Na posição correta: seja aberto e cuide para fazer reinar a harmonia, mas não assuma a responsabilidade de todas as infelicidades alheias, do contrário você correrá o risco de perder seu equilíbrio. Do mesmo modo, saiba dosar entre a serenidade e a autenticidade. Não tente agradar sistematicamente.

Na posição invertida: diga o que deve ser dito. Não tente agradar nem seduzir, mas nem por isso se deixe destruir pela cólera, sua ou dos outros. Saiba dosar entre verdade e agressividade, entre um posicionamento claro e a intolerância.

Divisa

Na posição correta: *Seja o companheiro de quem reza, e você rezará, de quem canta, e você cantará, de quem é triste, e você será triste* (provérbio árabe).

Na posição invertida: *Se formos muito coléricos, teremos uma disposição ruim em relação à cólera; mas também será uma disposição ruim se, de modo geral, não nos irritarmos quando necessário. A moderação é não se irritar de maneira excessiva tampouco ser totalmente insensível* (Aristóteles).

O Diabo

O arcano XV do Tarô de Marselha põe em cena um diabo hermafrodita, vestido apenas com uma calça azul justa, de cintura vermelha. A representação que nos é dada é fortemente sexualizada. Representa o corpo sensual, ou seja, o ser de desejo. Além disso, o Diabo aparece como possuidor de dois sexos e, nesse sentido, simboliza o hermafroditismo, que, ao contrário da androginia, gera a divisão. O Diabo é igualmente metade humano, metade animal. Essa representação antropomórfica reafirma a dimensão instintiva do personagem. Ele reúne em si diferentes atributos: as galhadas evocam a conquista, as asas, a independência, e as garras, a preensão e a avidez.

Pela espada que segura, o diabo demonstra uma forma de inteligência. Contudo, essa espada é rudimentar e consiste unicamente em uma lâmina sem botão no punho. Com a mão direita, o diabo parece fazer um sinal de reconhecimento, uma saudação. Essa atitude não é em nada ameaçadora. Ao contrário, manifesta o desejo pacífico de se comunicar, atrás do qual se esconde a vontade de seduzir para melhor dominar. Do mesmo modo, os sentidos proporcionam prazer. São os agentes do gozo, sob o risco de prender e subjugar o indivíduo.

O rosto do Diabo exprime uma careta, mas não é assustador. Se o observarmos com atenção, perceberemos que seu olhar não está virado nem para a direita nem para a esquerda. Ele tampouco olha para frente. Olha para baixo, mais exatamente para seu umbigo, expressão corporal do narcisismo.

O Diabo não é o único representado na carta. Outros dois personagens são associados a ele, fruto de seu desdobramento. Ambos estão presos a uma bigorna vermelha por uma corda amarrada ao pescoço. Seu sexo é menos aparente do que o do diabo; no entanto, é possível reconhecer um homem e uma mulher. Ambos também são providos de atributos animalescos. São feitos à imagem do Diabo, pois este só pode dominar os que se lhe assemelham. Se estão submetidos a essa instância superior e maléfica, é justamente por causa de sua involução.

Se o Diabo parece dominar, a princípio é por seduzir, e não por assustar, é por separar, e não por unir. Em seguida, por prender, ligar, aprisionar, e não por libertar e soltar. No entanto, sua supremacia artificial também o prende e encerra. Pois, quando o indivíduo domina pela força, é tanto escravo quanto senhor. Inscreve-se em uma relação de dependência e necessidade no que se refere ao objeto ou ao ser subjugado. O Diabo domina em aparência, mas não na realidade. No plano fenomênico, aparece como senhor vitorioso; no plano numênico, é apenas prisioneiro de seus desejos.

Sentido psicológico

Do ponto de vista psicológico, o Diabo exprime o corpo de desejo. Muitas vezes, assusta ou incomoda o observador, pois transmite uma imagem condenada, mas que identifica o indivíduo. Sua sexualidade, fortemente ressaltada, ilustra suas pulsões libidinais, às quais se opõe o superego.

Tal como os outros arcanos, o Diabo representa uma etapa na evolução individual. O essencial reside na capacidade ou na incapacidade de ultrapassá-lo: ou é uma passagem (expressão positiva), ou uma parada (expressão negativa).

Por fim, o tarô faz o Diabo intervir bem mais tarde. É de espantar que ele se situe tão distante em relação ao Mago. Mas essa posição na cronologia do jogo se explica pela necessidade da experiência. É a experiência das coisas que conduz ao hábito. Quanto mais o tempo passa, mais os prazeres se tornam indispensáveis. A satisfação de desejos artificiais torna-se, então, obrigatória. E o desejo, aleatório em tempos comuns, encontra-se assimilado a uma necessidade vital. Quanto mais o homem evolui – seja num plano individual, seja num plano coletivo e histórico – tanto mais ele cria necessidades para si mesmo. A sociedade moderna é um bom exemplo disso.

Alguns objetos estão de tal forma integrados à nossa existência que não os possuir ou deixar de possuí-los gera sofrimento.

Cenário de vida

O Diabo rege o mundo instintivo e passional. A Força (arcano XI) estabelece a relação justa e saudável instaurada entre o corpo e o espírito. Os órgãos dos sentidos, geradores de desejos, não podem ser banidos nem sufocados. Não são objeto de uma percepção negativa nem de uma condenação moral enquanto o espírito permanece seu senhor. Se o homem se submete e se sujeita aos sentidos, ele se perde e se desencaminha. Desse modo, o arcano XI define a atitude a ser tomada, que não é supressão nem sufocamento, mas controle brando.

No plano psicanalítico, a energia sexual origina todos os desejos e é chamada de libido. Ora, a libido é indispensável para a vida. Constitui o motor, a motivação permanente, a atividade física e psíquica. Por outro lado, o Diabo do tarô remete aos prazeres, e muitas vezes a busca do prazer constitui o fundamento da ação humana. É pela vontade de aumentar seu bem-estar, seu conforto e suas posses que o homem age. Se ultrapassa essa ambição puramente materialista, não apenas pode almejar a elevação espiritual, mas também se livra do jugo dos sofrimentos ligados à perda, à redução ou à morte.

Por exemplo, o dinheiro em si não é bom nem ruim, é neutro. Em contrapartida, a relação individual com o dinheiro pode ser positiva ou negativa, libertadora ou alienadora. Em seu sentido de dominação, o Diabo ilustra o desejo de onipotência material. Querer colocar-se como senhor da matéria equivale a tornar-se seu escravo. Pois o homem que busca ter cada vez mais dinheiro, por vontade de liberdade, de poder fazer o que lhe agrada, de não conhecer a falta, de gozar ao máximo os prazeres que o dinheiro pode proporcionar, esforça-se para acumular, e, mesmo que não o consiga, isso tem pouca importância. Ele ri ou chora, alegra-se ou sofre, fica feliz ou triste em função da posse ou não do dinheiro: sua felicidade torna-se tributária da matéria.

Essa mesma análise refere-se ao corpo. Um amor-próprio muito grande pode beirar o culto da personalidade (valor narcísico do Diabo). Nesse caso, o corpo é sublimado pelos prazeres que proporciona ou pela imagem que transmite a si mesmo e aos outros. Em uma perspectiva iniciática, o corpo é apenas um invólucro e está destinado ao aniquilamento. Nesse sentido, um apego excessivo ao corpo opõe-se à evolução interna.

Palavras-chave
Prazer, desejo, libido, dinheiro, sedução, sexualidade.

Desejos, medos e sentimentos
Na posição correta: você tem muitas necessidades. Sua libido, ou seja, seu apetite pela vida, está no nível máximo. Você tem vontade de seduzir, de conquistar tanto corações quanto seu auditório. Suas aspirações são de ordem material. Você deseja ter mais recursos financeiros ou, pelo menos, obter resultados concretos após suas diversas ações. Não se contenta com satisfações abstratas ou espirituais; busca concretizações e prazeres bem terrenos.

Na posição invertida: você tem poucos desejos materiais ou terrenos. Busca uma elevação dos seus objetivos e da sua pessoa. Por conseguinte, é capaz de se submeter a certas privações se a situação assim o exigir. Sexo, dinheiro e poder não são suas prioridades. Suas necessidades são mais profundas, mais pessoais ou espirituais. Você não é materialista nem corrompível, e sua sensualidade está em baixa.

Em uma tiragem negativa, a carta pode confirmar um estado depressivo pela ausência de desejos.

Potencialidades

Na posição correta: seu charme e seu magnetismo estão em seu nível máximo. Você é capaz de seduzir e conquistar com facilidade. Do mesmo modo, consegue convencer um auditório e trazer os outros para sua causa. É capaz de encontrar prazer no que faz, ainda que, *a priori*, a tarefa não seja das mais gratificantes.

Na posição invertida: falta-lhe autoconfiança e você não sabe se valorizar ou "se vender" o suficiente. Em contrapartida e em outro registro, tem condições de reduzir suas necessidades e seus apetites, de se concentrar no essencial, abandonando o supérfluo. Não busca o prazer a todo custo, mas visa a interesses superiores.

Estratégias

Na posição correta: deixe agir seu charme natural. Confie em sua capacidade de sedução. Aproveite a vida e os prazeres que ela oferece. Contudo, desconfie de um materialismo exagerado e de uma subordinação aos sentidos.

Na posição invertida: desenvolva seu gosto pelo esforço e sua capacidade de abstinência; você irá precisar deles para ter êxito em seus projetos e sair de situações espinhosas. Cultivar uma atitude desinteressada é um bom recurso, mas não demonize os prazeres da vida por isso.

Divisa

Na posição correta: *No além, terás de prestar contas de todos os prazeres permitidos dos quais te houveres privado* (Pinke Abot).

Na posição invertida: *Só se possui aquilo a que se renuncia* (Goethe).

A Casa de Deus

O arcano XVI do Tarô de Marselha apresenta uma torre cor de carne, desprovida de porta, pelo menos de uma porta visível, como se os construtores tivessem sido emparedados vivos. Por outro lado, as janelas são azuis, o que exprime outro paradoxo, pois a abertura simbolizada pela janela se opõe ao fechamento simbolizado pelo azul.

A chama que atinge a torre representa o raio, ou seja, o fogo divino. Mas a chama não destrói, simplesmente solta o cume da torre, como para aerar o que estava hermeticamente fechado. De resto, a abertura pelo topo lembra o nascimento de Atena, que saiu do crânio de Zeus. Aqui, o raio pode, do mesmo modo, favorecer uma conscientização e fazer desabrochar a inteligência sutil das coisas.

As esferas coloridas que caem do céu conferem ao arcano uma dimensão apocalíptica. Os elementos se desencadeiam, a ordem das coisas é perturbada, exprimindo a ideia de que, quando o indivíduo está ferido, sente que tudo contribui para seu enfraquecimento e que nada mais funciona. Não apenas suas construções desmoronam, mas também o universo em sua totalidade.

Além do arquétipo do raio, o arcano XVI também se baseia naquele da queda. A descida de ordem física, ilustrada pelo fato de cair, associa-se à descida espiritual. Os construtores que caem do alto da torre são dois. A dualidade exprime aqui a divisão, e não a união. Caem com a cabeça e as mãos para frente, marcando uma perda de equilíbrio, pois a queda desestabiliza. Mas ela também permite lançar um olhar diferente sobre as coisas e os seres. Transforma o indivíduo e sua visão da vida.

As duas pedras brancas no chão, postas em evidência por sua cor que contrasta com o amarelo, representam a matéria que servirá para a próxima construção. Constituem um sinal de esperança: o desabamento nunca é definitivo, sempre é possível recomeçar, agir novamente.

Em relação com a suástica (cruz em forma de hélice, constituída de quatro quadrados em parte abertos e funestamente tornada célebre na cruz gamada), o número 16 dado à Casa de Deus representa a onipotência da natureza e da terra sobre o homem. Este não pode ser o senhor absoluto e dominar tudo, do contrário as leis naturais o lembrarão dos direitos delas. Desse modo, o número 16 dá uma lição de humildade.

A Casa de Deus evoca a terrível consequência da presunção humana. Do ponto de vista espiritual, a experiência da queda é a ocasião de uma evolução interna. A adversidade é dolorosa, mas incita a mudança. Para o iniciado, ela pode constituir o trampolim para o crescimento e o desenvolvimento.

Sentido psicológico

O arcano XVI representa o desabamento e, ao mesmo tempo, evoca a importância da reação. Perante o fracasso, se olharmos apenas para seu aspecto destrutivo e de desvalorização, seu efeito se multiplica. Ele acaba se tornando objeto de empobrecimento e de perdição. Se, ao contrário, considerarmos os momentos difíceis, sejam eles quais forem, com filosofia e objetividade, eles perdem sua acuidade e, em vez de enfraquecerem, enriquecem. Do mesmo modo como o fogo provém de uma ambivalência, sendo ao mesmo tempo destruidor e purificador, a adversidade é dolorosa mas impele à mudança.

A Casa de Deus indica que, como tudo se encontra em perpétua evolução, a adversidade não pode ser definitiva; ela também é impermanente e constitui apenas uma passagem. Acreditar que estamos condenados para sempre à infelicidade é negar a própria essência da vida, que repousa em uma dinâmica constante. A esperança é salutar e constitui uma reação sensata e positiva.

A Casa de Deus também se associa ao simbolismo da queda. Cair significa afundar, descer, diminuir; termos que remetem a sentimentos negativos. Na mente, a queda é associada à vergonha e à humilhação ("Como ele foi cair tanto?"). Implica as noções de degradação e degenerescência. Cair não apenas é perigoso ou ameaçador, mas é, sobretudo, objeto de rejeição, de desgosto ou de desprezo. A todas essas ideias acrescenta-se a angústia de não (mais) conseguir se levantar. A queda sempre parece definitiva (como no sonho: caímos sem fim). De resto, é dessa ameaça de eternidade que a queda tira todo o seu poder.

Por fim, por seu grafismo, a Casa de Deus sugere as ideias ou os comportamentos suicidas. Essa noção se aplica tanto a uma leitura real quanto simbólica. Pode tratar-se do desejo de suprimir os próprios dias, bem como da frustração constante de suas ações em um nível inconsciente.

Cenário de vida

O arcano XVI se baseia no desmoronamento e na queda, que não são as expressões de um castigo divino, mas as consequências lógicas dos erros humanos, ou ainda a ilustração das leis naturais do perpétuo recomeço. Aqui, o indivíduo se torna vítima e, ao mesmo tempo, responsável pelo infortúnio que o acomete. Em grande parte, esse infortúnio reside na perda de consciência da relatividade das coisas: nada é definitivo, nada nunca nos pertence.

A lâmina fornece três ensinamentos:

1) O fracasso só existe em oposição ao êxito: querer suprimir o fracasso significa, implicitamente, suprimir o

êxito. É preciso aceitar os entraves; eles apenas têm a intensidade que lhes damos. Somente recomeçando várias vezes é que podemos nos aproximar da perfeição. Não tolerar que sua obra – profissional, artística ou afetiva – seja posta em causa é considerá-la perfeita e, portanto, dar prova de presunção e orgulho.

2) Todo acontecimento é previsível: ser surpreendido pelo acontecimento (feliz ou não) traduz uma obstrução mental e uma perda de consciência das realidades. Tudo pode acontecer, sempre. O espanto e, por conseguinte, a dor são expressões da negligência humana. Por considerar-se invulnerável, ou seja, infalível ou onipotente, o ser humano sofre com as transformações que acometem sua vida. O sábio se prepara para toda eventualidade e não teme nenhuma. Isso não significa que ele deseja o acontecimento descrito como negativo ou que demonstra fatalismo, mas simplesmente que não conhece a angústia nem o medo. Nem por isso é indiferente. Apenas considera que os acontecimentos são neutros e não lhes confere nenhum valor de projeção, positivo ou negativo. Conhece a ordem das coisas e não é perturbado por nenhum movimento. Por essa razão, nunca cai.

3) A lucidez e a clarividência constituem os recursos adaptados de quem tenta evitar alguma coisa: tal como o sábio, convém ser lúcido. Isso significa que quando há sofrimento é preciso interrogar-se sobre sua origem e sua natureza. Veremos então que, com frequência, a dor

é subjetiva e se baseia em um conflito com a realidade. Eis por que a busca da harmonia é tão importante. Deixar de opor-se constitui a chave da felicidade.

Palavras-chave
Desmoronamento, adversidade, dificuldades, perturbação, decepção, desilusão.

Desejos, medos e sentimentos
Na posição correta: você sente vontade de tentar tudo, sob o risco de fracassar. Prefere expor-se ao perigo a deixar a situação como está. Por conseguinte, está pronto a perder tudo para chegar aos seus objetivos. Entretanto, esse desejo de mudar tudo tem por corolário um sentimento de fracasso que se manifesta esporadicamente. Nesses momentos, você tem uma visão obscura, pessimista e negativa de si mesmo, dos outros e da vida em geral. Em casos extremos, desenvolve um funcionamento paranoico, estando convencido de que é perseguido, de que todos se aliam contra você para afundá-lo um pouco mais.
Na posição invertida: você sente vontade de se instalar em uma situação segura, conhecida e confortável. Deseja permanecer em um ambiente aquecido, em um universo familiar e tranquilizador. Por isso, é prudente e não age de maneira leviana, o que o conduz a nunca correr riscos verdadeiros, ou seja, a nada tentar sem estar certo do resultado. Essa atitude o impede de experimentar e, portanto, de ter êxito.

Potencialidades

Na posição correta: você é capaz de correr riscos e se expor. Demonstra coragem e audácia. No entanto, tende a reproduzir os mesmos erros e a se colocar (muitas vezes de maneira inconsciente) em situações de fracasso.

Na posição invertida: você é prevenido e toma múltiplas precauções para não cometer nenhum erro e não correr nenhum risco. É prudente até demais, o que o impede de realizar seus sonhos. Não ousa viver perigosamente e, por isso, pode permanecer em uma situação que não (mais) lhe convém.

Estratégias

Na posição correta: sua temeridade e sua paixão por vencer se baseiam em grande parte na adversidade. Contudo, não corra riscos excessivos, pois colocar-se em perigo talvez não seja a melhor solução. Resolva os problemas à medida que eles se apresentam. Não espere chegar a uma situação de urgência para começar a agir.

Na posição invertida: cuidado para que seu desejo de segurança não o impeça de realizar-se plenamente.

Divisa

Na posição correta: *A queda não é um fracasso; fracasso é continuar onde se caiu* (Sócrates).

Na posição invertida: *Não é porque é difícil que não ousamos, é porque não ousamos que é difícil* (Sêneca).

A Estrela

No arcano XVII do Tarô de Marselha, a natureza está inteiramente representada com seus quatro elementos fundadores: a terra (o Sol amarelo), a água (o rio azul), o ar (o espaço e o pássaro) e o fogo (as estrelas). Desse modo, a lâmina se apresenta como um hino à Terra. Ela encarna a criação do mundo e intervém como um retorno às origens, ao estado primordial, após a queda provocada pela Casa de Deus (arcano XVI).

Muitas vezes, a figura feminina da Estrela é confundida com Eva. Essa analogia tem origem na nudez e na paisagem que evoca o Éden. Ela está ajoelhada, uma postura física que traduz humildade. A ação da mulher não se articula com base em um princípio interativo, mas é unilateral: ela verte o conteúdo de seus vasos. Por esse ato, exprime a doação total, sem expectativa de retorno.

As estrelas constituem os outros elementos fundadores do arcano XVII. Trazem força, luz e energia. Clareiam e iluminam. Sua cor caracteriza o jogo das influências: os vermelhos apresentam uma atividade poderosa e sentida, baseiam-se nos valores de extroversão, produção e dinamismo (tal como Marte e Júpiter); os azuis sugerem uma influência mais tênue, porém mais profunda, e repousam em valores de inibição, interiorização e reflexão (tais como a Lua e Saturno); os amarelos encarnam os valores dominantes dos planetas luminosos (tais como Vênus, Mercúrio e o Sol).

A estrela principal alia os efeitos do vermelho e do amarelo; nela podemos reconhecer a Estrela polar, considerada o centro do céu e que guia os homens em sua evolução. Por outro lado, as sete estrelas agrupadas em volta de outra maior evocam a constelação das Plêiades.

O número 17 dado à Estrela pode ser considerado sob a forma 1 + 7 = 8. A evocação do número 8 revela a vinculação do arcano XVII à noção de causalidade, inspirada pela Justiça (arcano VIII). De fato, ambos evocam o mesmo princípio, cuja aplicação, no entanto, difere. A Justiça apela para a existência de uma ordem justa e imutável das coisas. A Estrela, diferentemente, mostra as influências cósmicas gerais. Nesse sentido, representa uma providência generosa e positiva, que se exerce em benefício de cada indivíduo em alguns momentos de sua existência.

Toda a significação da décima sétima lâmina do tarô se orienta para a capacidade de receber e acolher. Exprime a doação em sua gratuidade e em sua simplicidade, o abandono que confia nas forças externas. Mostra o ser em comunhão estreita com a natureza, participando de seu ritmo, fundindo-se a ela. Após a perda e a destruição, ela cria a doação e a edificação na harmonia dos ritmos. A natureza persegue invariavelmente sua obra e não se deixa abalar nem desviar de suas funções. Do mesmo modo, o sábio aceita a organização das coisas, sem identificar os tempos de restrição com uma injustiça qualquer. Tudo está em tudo.

Sentido psicológico

O arcano XVII descreve dois termos: dar e receber.

Dar implica um comportamento aberto, totalmente desinteressado, sem expectativa de resultado ou de efeito. Não se trata de selecionar os que se beneficiarão da doação, de oferecer aos únicos merecedores ou apenas às pessoas amadas e queridas, e sim de dar, no sentido completo do termo, a todos, incluídos aqueles que não se beneficiam da estima e da afeição individuais ou coletivas. A doação metafísica não aceita nenhum comprometimento, nenhuma exclusão, nenhum limite. Essa universalidade do dom, essa generosidade e esse amor universal são pregados em todas as tradições como garantias da evolução interna.

Receber é abrir-se para melhor apreciar, aproveitar, desenvolver. A extrema vigilância é necessária; ela permite estar atento e acolher tudo o que a vida dá de modo constante e infinito. Dar não é suficiente, ainda é necessário que o objeto da doação encontre um local de acolhimento positivo, seguro e confiável. De resto, tudo reside na capacidade de fazer frutificar as riquezas e não deixar que elas se enfraqueçam, se esvaziem e percam sua substância. Por fim, o que permanece essencial não é tanto o que é dado, e sim a maneira como é recebido.

Para muitos, as doações da vida, chamadas de "talento", "sorte", "grande destino", "proteção", são objeto de uma distribuição desigual e injusta. Alguns são favorecidos, possuem tudo desde o nascimento, e outros são vítimas de uma sorte desfavorável e cruel. A partir de então, a ordem das coisas parece inexistente. De fato, a doação não é mensurável nem definível, tampouco quantificável. Comparar a sorte de uns e outros não tem nenhum fundamento espiritual, pois essa comparação é feita com base em uma escala física e material. As aparências enganam. Dizer: "Ele tem mais sorte do que eu" não faz nenhum sentido, pois ora a sorte é fruto de um trabalho, o resultado de um mérito – e, nessas condições, trata-se de um justo retorno das coisas –, ora a sorte parece não ter causa identificável – mas, nesse caso, mais uma vez é necessário interrogar-se sobre a realidade da situação. Em termos absolutos, um fenômeno ou um acontecimento considerado muito feliz e muito positivo (como ganhar uma grande quantia de dinheiro, ser bonito, realizar um de seus sonhos) pode revelar-se fonte de infelicidade e de sofrimento; inversamente, um acontecimento considerado muito infeliz e negativo ("não tenho sorte") pode revelar-se fonte de felicidade, de superação e de elevação. Mais uma vez, tudo depende da maneira como o acontecimento é tratado.

Uma provação pode constituir uma doação, na medida em que faz descobrir horizontes novos, revela a resistência do indivíduo, leva-o a encontrar soluções e, portanto, a se superar e progredir. Algumas pessoas acometidas por doenças graves e que lutam para se curar demonstram isso. O acontecimento catastrófico se tornou fonte de plenitude, revelação de si mesmo, conscientização de suas potencialidades, de seu poder, ou ainda, para quem tem fé, do Divino.

Por fim, a Casa de Deus e a Estrela não estão muito distantes uma da outra em sua natureza e em seus efeitos. Por certo, divergem profundamente na aparência, mas se revelam muito próximas na essência. Ambas constituem acontecimentos que condicionam o devir humano e enfatizam a importância da reação. Em última instância, o acontecimento é indiferente, é a qualidade da reação individual que lhe confere sua tonalidade positiva ou negativa.

Cenário de vida

Em grande parte, a Estrela é percebida de maneira positiva. Se algumas lâminas assustam (arcano XIII, Diabo, Casa de Deus), outras seduzem e tranquilizam. A Estrela é uma delas. Evoca a natureza no que ela tem de mais belo e puro. A harmonia dos elementos tende às emoções positivas. Representa o estado anterior aos problemas, às tristezas e às dificuldades: uma era paradisíaca. A nudez da mulher contribui para esse sentimento de retorno às origens, onde tudo era perfeito e agradável.

Nesse sentido, a décima sétima lâmina marca um tempo de criação, de nascimento, de parto, não ligado à dor nem ao combate, mas associado a uma era de ouro, como os primórdios de uma relação amorosa, rica em sentimentos afetuosos, em atenções e prazeres.

Nessa perspectiva, a Estrela encarna o ideal, a nostalgia de um estado superado, terminado. Ao indicar a criação do mundo, ela também se refere ao nascimento do homem e, sobretudo, à vida intrauterina. Remete à relação simbiótica entre a mãe e o feto, à época inconscientemente bem-aventurada, em que eram apenas um e a fusão era total. Embora a divisão operada pelo nascimento seja a única garantia da evolução, ela é sempre vivida como uma separação, como uma ruptura dolorosa e indesejada.

Em todos os casos, a Estrela preconiza as atitudes de acolhimento e receptividade. Saber receber é a arte da felicidade, pois é no bom aproveitamento do que nos é dado que repousa todo progresso.

Palavras-chave
Sorte, providência, doação, proteção, facilidade.

Desejos, medos e sentimentos
Na posição correta: você desenvolve um estado de espírito positivo. Sente-se protegido, como se um anjo da guarda velasse por você. Confiante na vida, está disposto a aproveitar sua oportunidade.

Na posição invertida: você não se sente amparado nem protegido. Não acredita na sorte e não espera que as coisas cheguem por si só, como por mágica. Dependendo do caso, esse sentimento se traduz por um abatimento estéril e até mesmo por impulsos paranoicos, ou ainda por uma vontade multiplicada de lutar.

Potencialidades

Na posição correta: sua confiança na vida é sua maior força. Você é oportunista com discernimento e sabe distinguir as boas das más ocasiões. Por conseguinte, tem todos os trunfos nas mãos para alcançar seus objetivos na maioria dos domínios, pois acredita na realização de seus desejos.

Na posição invertida: você está disposto a agir, a lutar e a fazer os esforços necessários a fim de realizar seus desejos. De resto, vê vantagem no combate a ser travado, pois, se uma coisa é simples ou fácil demais, ela não apresenta nenhum interesse para você.

Estratégias

Na posição correta: confie na vida; sua melhor arma é a esperança. Se você de fato acreditar, conseguirá sair de todas as situações, mesmo das mais dramáticas. Entretanto, não se esqueça de agir: a esperança sozinha raramente é suficiente para mudar as coisas. É preciso agregar a ela uma atitude dinâmica.

Na posição invertida: não espere para se engajar no combate. Muitas vezes, os caminhos mais árduos são os que levam mais longe. Mantenha essa ideia na cabeça quando encontrar dificuldades.

Divisa

Na posição correta: *Ninguém é mais sortudo do que aquele que acredita na própria sorte* (provérbio alemão).

Na posição invertida: *Para o homem corajoso, sorte e azar são como sua mão direita e sua mão esquerda. Ele tira partido de ambas* (Catarina de Siena).

A Lua

A lâmina se divide em três planos: um celeste, constituído pela própria Lua, personificada de perfil; outro terrestre, que comporta dois cães e duas torres; e outro aquático, formado por uma extensão de água azul na qual nada uma lagosta.

A cor azul da Lua é predominante e evoca o caráter feminino e receptivo do astro. Embora seja real, sua luz é atenuada e filtrada. As gotas, que parecem aspiradas pela Lua, manifestam o caráter atrativo do astro. A Lua que ama, toma e extrai.

O plano terrestre é construído segundo uma lei binária. Há duas torres e dois cães, ou seja, duas díades. Esses dualismos evidenciam a complexidade da natureza humana. O homem é objeto de divisão, e o que o divide o faz sofrer.

Desse modo, no que se refere à sua elaboração, o plano terrestre apresenta duas instâncias psíquicas distintas:

- os cães-lobo encarnam o aspecto instintivo e animal, as energias pulsionais e a vida ilusória;
- as torres lembram construções individuais, ou seja, o domínio daquilo que foi adquirido e aprendido.

O plano aquático é todo azul. Portanto, baseia-se em um valor essencialmente passivo. Não tem nenhum efeito real nem influência direta. Constitui, antes, o receptáculo dos outros planos, celeste e terrestre. Sua superfície evoca o espelho, símbolo semelhante à Lua. Por sua dimensão exagerada, a lagosta nos mostra as deformações criadas pelo reflexo e, assim, estabelece o vínculo com o signo do zodíaco Câncer, do qual é o símbolo, e a Lua, o planeta regente.

O arcano XVIII revela o mundo interno. Encarna o psiquismo humano, com suas riquezas e seus perigos. O imaginário, expressão primitiva do aspecto mental, é fonte de evolução na criação e fonte de perdição na ilusão. A vida psíquica e imaginativa produz tanto as obras mais geniais como os fantasmas mais alienadores. A expressão positiva dos pensamentos intuitivos só pode fundar-se em um sentido sólido das realidades, que na lâmina é expresso pelas torres. O arcano XVIII ensina que é na redução da subjetividade que se constroem a tolerância, o amor universal e a sabedoria.

Sentido psicológico

O arcano XVIII responde a um simbolismo noturno. Com isso, ele revela a dimensão oculta do Ser, o mundo subterrâneo, a vida interna. Define o aspecto mental não como unificado, mas como constituído por três planos:

- a água, na qual nos perdemos, nos afogamos, mas também na qual retornamos às nossas origens, nos regeneramos e nos purificamos;
- a terra, que manifesta um pensamento racional, lógico, confiável, mas limitado;
- o céu, que revela a faculdade metafísica e transcendente do imaginário.

Talvez seja por causa dessa multiplicidade de efeitos que às vezes o aspecto mental é percebido como superior à matéria: o espírito ultrapassa o corpo em sua natureza; outras vezes é evocado como inferior, por ser indisciplinado e criador de ilusões. Portanto, tudo repousa na capacidade individual de organizar e harmonizar o que é caótico. Do mesmo modo como é importante tornar-se senhor dos próprios sentidos e do próprio corpo (Força) na aceitação e na compreensão, também convém controlar a própria vida imaginária. Mais uma vez, trata-se de ser sujeito, e não objeto. Pois, se a submissão ao corpo e a sujeição aos sentidos são obstáculos à evolução espiritual, a ausência de controle é igualmente ou até mais perigosa. O pensamento pode destruir, perder, enfraquecer. É libertador enquanto for positivo e esclarecedor;

é escravagista quando afunda nos labirintos da ilusão e na negatividade destrutiva.

O Julgamento (arcano XX) intervém como a exploração feliz e benéfica do aspecto mental, enquanto a Lua expõe componentes muitas vezes desarmoniosos, que convém conciliar e equilibrar. Muitos comentadores deram ao arcano XVIII um significado pejorativo e nefasto, na medida em que a imaginação pode conduzir à alienação mental, à perda de consciência e até mesmo beirar a loucura. Porém, se a Lua contém esse perigo, ela não o revela sistematicamente. Uma justa relação com a realidade se baseia na capacidade de ultrapassar as próprias percepções individuais. Do outro lado do fenômeno (o invólucro, a aparência) se situa a essência. Convém separar-se do artificial para chegar ao essencial. A mente ora permanece enraizada em suas produções ilusórias e enganadoras (expressão negativa da Lua), ora se aprofunda e se aperfeiçoa para captar a verdade de todas as coisas (expressão positiva da Lua).

Cenário de vida

O arcano XVIII se articula inteiramente na vida psíquica; não na razão, como a Papisa, mas em uma atividade mais fundamental ainda, que é a do inconsciente. Todo indivíduo sente que sua vida interna lhe escapa em parte. Ele percebe que não tem controle sobre sua mente. Seu pensamento, muitas vezes comparado a um macaco, flutua sem parar, avançando de um objeto para outro, de uma representação para outra, sem nunca conhecer um repouso verdadeiro, pois mesmo à noite continua a produzir imagens, tanto nos sonhos quanto nos pesadelos. Está em perpétua atividade e, portanto, sofre incessantes variações que podemos qualificar como quantitativas: a esse respeito, a ciência refere-se a sete níveis de consciência, que vão da vigilância excessiva (nível 1) ao coma (nível 7). Por outro lado, a essas modificações quantitativas, que correspondem à soma das informações que chegam à consciência, acrescentam-se modificações qualitativas. A consciência evolui em sua interpretação da realidade. Um mesmo objeto pode ser sentido de maneira positiva num dia e de forma negativa no dia seguinte. O indivíduo sente essas variações, essa divisão permanente e esses conflitos internos como algo desagradável. Gostaria de nutrir apenas pensamentos nobres, belos e corretos. No entanto, é vítima de sua mente e não consegue fixá-la, concentrar-se (modificações dos níveis de consciência) nem obter a paz mental e a serenidade de espírito que com frequência deseja (modificações dos estados de consciência).

De fato, o indivíduo tem mais facilidade para dominar seu corpo ou seus sentidos do que seu psiquismo: eis por que, na cronologia das lâminas maiores, a Força (XI) se situa bem antes da Lua. Talvez para significar que o controle dos pensamentos ou, em outros termos, a tranquilidade interna, passa pelo controle do corpo. Não se pode deixar de evocar aqui a ioga, disciplina ancestral que busca o domínio da mente por meio da prática de posturas físicas, do trabalho da respiração e das técnicas de concentração e meditação.

Com efeito, o arcano XVIII permanece obscuro; nesse sentido, muitas vezes provoca sentimentos negativos. A falta de clareza que o caracteriza, a profundidade do azul e a ausência de seres humanos contribuem para torná-lo turvo, selvagem e oculto. O indivíduo o identifica com sua própria vida psíquica, que, em muitos pontos, lhe é estranha.

Por fim, a Lua evoca fundamentalmente a criação. Dela dependem todas as ações e todas as realizações. É a Lua que inspira o homem em seus projetos e objetivos. É ela que lhe permite viver com criatividade, ou seja, dar um sentido, se não à vida como um todo, pelo menos à sua vida.

Em outro registro, mas por razões simbólicas evidentes, a Lua evoca a maternidade, a mãe que temos e/ou a que somos.

Palavras-chave
Criatividade, imaginação, intuição, sensibilidade, maternidade.

Desejos, medos e sentimentos
Na posição correta: você sente necessidade de se consagrar à sua vida interna. Traz um olhar profundo e criativo sobre sua existência. Porém, com a influência lunar, seus desejos são muito abstratos e você tem dificuldade para realizá-los concretamente. Desse modo, às vezes se perde e se deixa dominar pela imaginação ou pelas emoções.

A lâmina também pode revelar um desejo de maternidade ou a importância da presença materna em sua vida.

Na posição invertida: com frequência você fica com o moral baixo, circunstância que é ou não justificada pela realidade. Sua vida interna, que ultrapassa os limites e é mal canalizada, mergulha-o na confusão. Por outro lado, você desenvolve uma tendência à ciclotimia, ao lunatismo. Nesse estado físico particular, você não consegue definir claramente seus problemas nem seus desejos.

A lâmina também pode revelar uma problemática com a mãe (que temos ou somos).

Potencialidades

Na posição correta: você tem muita intuição e percebe corretamente os sentimentos alheios. Também tem um dom para a arte da composição, devendo investir e desenvolver esse potencial. É sensível e sabe dispensar com alegria suas qualidades maternas.

Na posição invertida: você tem dificuldade para conservar sua lucidez e sua objetividade em relação às situações que vive. É levado ao pessimismo e tende a se fazer de vítima. Não consegue elevar-se ou distanciar-se de seu ambiente, das situações que vive nem de si mesmo.

Estratégias

Na posição correta: utilize sua sensibilidade e sua intuição para encontrar soluções para os problemas e não para fantasiar a respeito dos atos de uns ou outros ou de seus próprios estados de espírito. Confie em seu instinto; ele saberá guiá-lo e conduzi-lo a um bom destino. Aproveite esse período para desenvolver seus talentos artísticos e suas capacidades psíquicas: intuição, presciência e empatia.

Na posição invertida: encontre um justo acordo entre a compaixão por seu destino e o recalque das emoções. Chore tudo o que tiver de chorar, depois entre em ação.

Divisa

Na posição correta: *Quem acredita na própria vida morre sorrindo* (provérbio polonês).

Na posição invertida: *Você não pode impedir que os pássaros da tristeza voem sobre sua cabeça, mas pode impedi-los de fazer ninhos em seus cabelos* (provérbio chinês).

O Sol

O arcano XIX do Tarô de Marselha põe em cena um Sol personificado de frente. Seu centro é amarelo, enquanto seus múltiplos raios determinam a natureza e os diferentes graus dessa influência cósmica. Alguns são ondulados, outros retos e angulosos, pois a energia dispensada pelo Sol ora é fraca (raios ondulados), ora é forte (raios retos).

As gotas, lançadas pela radiação do astro, manifestam concretamente sua energia ao se espalharem livremente na terra e fecundarem todas as coisas. O Sol é indispensável para a vida. É símbolo de crescimento e desenvolvimento.

Desse modo, o Sol propõe um símbolo maior na presença dos gêmeos. O par gemelar possui um valor arquetípico, que evoca o vínculo fraternal em seu princípio de identificação. De maneira simbólica, essa comunhão física supõe uma comunhão espiritual. Os gêmeos são colocados na ordem do idêntico, do inseparável e da união de polaridades.

As duas crianças estão diante de uma mureta. Se a torre da Casa de Deus (arcano XVI) representa as construções presunçosas, o muro baixo indica o reconhecimento de seus limites e, por conseguinte, a criação sólida. O homem se conscientizou de suas verdadeiras capacidades. Já não se encontra nas ambições vãs, que são fonte de sofrimento, mas no aprendizado da satisfação.

O arcano XIX constitui um período de colheita, de satisfação e de alegria. Entretanto, se por um lado ele caracteriza a obtenção de alguns desejos, por outro não evoca a completa realização. Seu efeito é moderado, tanto no tempo quanto no espaço. Contém em si seu reverso: a ausência de luz, ou seja, a escuridão. Desse modo, o Sol corresponde a um momento privilegiado, mas limitado. Assim como o astro não brilha permanentemente, a felicidade aqui descrita é apenas um estado temporário, pelo menos um estado que depende das circunstâncias externas.

Sentido psicológico

O Sol descreve a atitude psicológica a ser adotada, a fim de se conhecerem as emoções positivas. A referência às crianças intervém como modelo de comportamento que cria alegria e satisfação. Trata-se de reencontrar a simplicidade infantil que permite ao indivíduo alegrar-se com todas as coisas. É ao reduzir suas exigências (construção mais baixa) que o homem alcança a felicidade. Quanto mais apegado e vinculado estiver à vaidade, à ambição e à inveja, tanto mais sofrerá, pois nunca terá descanso. Quanto mais souber se entregar, descobrir o aspecto maravilhoso e mágico de cada instante, mais ele brilhará, tal como o Sol.

As crianças se beneficiam desse deslumbramento permanente. Além da pureza e da inocência, a elas são atribuídas como qualidades o riso e a alegria. Pois a criança gosta da vida, sabe apreciá-la e não se deixa afligir por muito tempo. Logo se esquece dos dissabores menos importantes da vida cotidiana e substitui um desejo não satisfeito por outro acessível. Desse modo, deposita instantaneamente sua energia em outro polo de interesse.

Por certo, o adulto é confrontado mais duramente com a realidade. As responsabilidades que lhe cabem, os problemas materiais ou afetivos a que é exposto com mais intensidade podem, em parte, explicar a redução da propensão a ser feliz e alegre. Porém, as dificuldades da vida e o peso da realidade não são os únicos responsáveis. Também estão em causa, sobretudo, a transformação negativa e perniciosa da natureza humana, que leva a querer possuir cada vez mais. Assim, com o tempo, o indivíduo perde sua qualidade de vida por não estar no aqui e no agora, e sim em outro lugar, que é inacessível. As complicações psíquicas impedem as possibilidades de prazer. Saber contentar-se sem se submeter ou se resignar é um exercício difícil.

No entanto, se por um lado o Sol corresponde à alegria, por outro, em razão de sua impermanência, não ilustra a realização interna. A emoção aqui suscitada é sincera, mas frágil. Quando feliz, a criança também está sujeita a logo ficar triste ou com raiva. Passa facilmente do riso às lágrimas e vice-versa. Desse modo, não manifesta um estado interno linear e constante mas, antes, uma sucessão de alegrias e sofrimentos que em geral são logo consolados. De igual maneira, o astro aparece e desaparece; portanto, seus efeitos são descontínuos e sujeitos à variação. Eis por que, no âmbito de uma "existência comum", ou seja, desprovida de espiritualidade, o Sol constitui a melhor condição que o indivíduo pode alcançar. É o fato de ser feliz em função de alguma coisa; é a felicidade afetiva, o entusiasmo profissional, o bem-estar financeiro, a harmonia familiar. De certa forma, trata-se de uma felicidade sob determinadas condições.

Essa é a razão pela qual o arcano XIX remete discretamente aos arcanos XVI e XIII (Casa de Deus e Arcano sem nome), devido aos 16 raios solares e às 13 gotas, pois, sob essa felicidade aparente, há uma possível dor latente, em todo caso a evolução e, portanto, a transformação. A felicidade do Sol não pode ser definitiva porque se origina em acontecimentos ou situações externas, necessariamente limitadas no tempo.

Cenário de vida

Por meio dos gêmeos, o Sol evoca a relação simbiótica e de identificação. Nesse sentido, participa de uma das mais importantes fantasias humanas: ser como o outro, ser apenas um. Essa é a razão pela qual muitas vezes, de maneira projetiva, o arcano XIX é associado ao casal, à harmonia mais completa, ao amor.

Ainda mais do que o Enamorado, o Sol representa o casal para o observador, pois opõe ao ternário do arcano VI a díade unificada. Por outro lado, propõe dois seres idênticos, e o amor se nutre dessa vontade de ser semelhante ao outro e vice-versa. A osmose é o maior desejo do homem e o que lhe proporciona mais felicidade.

Entretanto, mais uma vez, essa felicidade é ilusória, pois as diferenças nunca são eliminadas; mesmo sob coação, elas permanecem. De resto, em uma perspectiva filosófica, a unidade só pode se estabelecer se a diferença for mantida, e não se for aniquilada.

De maneira mais sutil, o par de gêmeos ainda evoca a noção de partilha. A alegria deve ser compartilhada. Não há nada pior do que não poder compartilhar a própria alegria. Segundo a crença popular, reconhecemos os amigos no infortúnio, mas, na realidade, os reconhecemos na felicidade. Quando estamos tristes, muitas vezes temos vontade de nos isolar, de nos fechar em nossa concha e nos afastar; em contrapartida, quando sentimos uma grande alegria, nosso primeiro movimento é entrar em contato com as pessoas queridas para lhes anunciar a boa notícia e compartilhá-la com elas.

Palavras-chave
Alegria, satisfação, contentamento, partilha, calor.

Desejos, medos e sentimentos
Na posição correta: você aspira a ser feliz, simplesmente. Busca as pequenas alegrias do dia a dia. Tem vontade de uma

vida fácil ao fugir das complicações. Também sente vontade de calor humano, de convívio e solidariedade.

Na posição invertida: você sente necessidade de outra coisa. Sua insatisfação o impede de usufruir a existência. Não se sente feliz de verdade, mas não necessariamente sabe por quê.

Potencialidades

Na posição correta: em seu íntimo, você está disposto à felicidade. Sabe apreciar os pequenos prazeres da vida. Seu otimismo e sua natureza filosófica são sua maior riqueza e podem acabar rompendo todos os obstáculos.

Na posição invertida: você é difícil de contentar. Quer o período seja próspero, quer nefasto, sua atitude exigente e suas repetidas frustrações só podem comprometer suas chances de sucesso ou aumentar ainda mais as dificuldades encontradas.

Estratégias

Na posição correta: sorria, e a vida lhe sorrirá. Encare as coisas com filosofia e bom humor. Conserve esse estado de espírito positivo e confiante, e ele lhe abrirá as portas do bem-estar.

Na posição invertida: saiba apreciar o que tem em vez de lamentar-se do que não tem. Seja mais simples e regozije-se com as pequenas alegrias que marcam a existência. Querendo cada vez mais, você corre o risco de passar ao lado da felicidade.

Divisa

Na posição correta: *Terrível ou não, difícil ou não, o que há de belo, nobre, religioso e místico é ser feliz* (Arnaud Desjardins).

Na posição invertida: *É um erro grave não se dar conta da própria felicidade* (Jaroslaw Iwaszkiewicz).

O Julgamento

O arcano XX do Tarô de Marselha permite uma leitura simbólica interessante do Juízo Final, colocando em cena um anjo imponente e majestoso, do qual vemos apenas a parte superior do corpo. Duas pequenas asas em forma de capacete e semelhantes às asas de Hermes o designam como mensageiro dos deuses. Seus braços são vermelhos em sinal de atividade. Ele se dirige não apenas às consciências; também é dotado de um poder sobre as coisas e os seres.

O anjo segura uma trombeta, mas não a leva à boca. A trombeta simboliza a voz divina. Chama os homens à espiritualidade. No entanto, o anjo não toca sua trombeta: está em silêncio. Acolhe mais do que convoca. Os que creem na realidade divina não precisam ser convocados. Vêm por si mesmos. A voz divina, expressa simbolicamente pela trombeta, é inaudível para os que não estão dispostos a ouvi-la. Mais do que o chamado, é a disposição interna que importa. A bandeirola é o emblema perfeito da espiritualidade. O branco simboliza a pureza, e o amarelo, a iluminação. Essas duas cores associadas marcam o estado final da realização.

O plano terrestre apresenta o símbolo do ternário, ao mesmo tempo de modo numérico (três personagens) e geométrico (dispostos em triângulo). Distinguimos facilmente uma mulher à esquerda da lâmina e um homem idoso à direita. Quanto ao personagem de costas, dadas a sua tonsura e a sua corpulência, podemos supor que se trata de um homem jovem. Portanto, encontram-se reunidas três gerações, em que filho, mãe e avô estão interligados.

Sua nudez exprime a liberdade de ser em sua verdadeira natureza, sem se tornar objeto passivo dos próprios desejos. Há uma superação da sexualidade, das pulsões sexuais, e um retorno ao estado original e virginal, alegoria da pureza de sua alma. Sua nudez também indica que, no Juízo Final, o homem deverá comparecer de maneira despojada e humilde, "tal como veio ao mundo", e que não será julgado em função da elegância e da riqueza de suas vestimentas, e sim em função da nobreza de seu coração. Os cabelos azuis dos personagens mostram sua receptividade psíquica. Não agem de fato, mas recebem. Estão dispostos na comunicação passiva e silenciosa.

Por ser verde, o túmulo representa o despertar da natureza, a ressurreição permanente da Terra, que nunca morre. Está em perpétua transformação e recomeça invariavelmente a criar. A vitalidade da natureza, a potência com que ela se desenvolve e a tenacidade com que cuida de suas chagas mais profundas são os exemplos mais notáveis da regeneração e da imortalidade.

A postura dos personagens permite-nos compreender a lâmina por inteiro. Suas mãos estão unidas em ato de oração. Entretanto, eles não estão rezando para pedir, mas para agradecer. Seus desejos foram atendidos, e o rapaz ressuscitou.

O número 20, dado ao Julgamento, abre um novo ciclo. Apenas duas lâminas do Tarô de Marselha pertencem a esse ciclo superior: o Julgamento (XX) e o Mundo (XXI). Ambos representam estados superiores de consciência. O Julgamento precede o Mundo, constituindo sua última prova, antes da realização final, o acesso ao Paraíso ou ao Despertar.

Sentido psicológico

Em todas as tradições, a oração ou a meditação é definida como um estado de comunhão, de penetração das forças divinas no homem. Desse modo, tudo se torna possível, realizável e acessível. Os limites impostos ao poder humano, que são reais quando ele age pela força mas ilusórios quando alcança a fé, encontram-se aniquilados.

No entanto, a fé em questão não admite dúvida, incerteza nem acordo. Ela manifesta a unidade total do espírito, que já não produz nenhuma divisão.

Muitas vezes, uma parte do ser acredita, enquanto outra se opõe; nesse caso, a consciência se divide. A razão e o pensamento racional intervêm e enfraquecem. A realidade acaba triunfando porque, por fim, é considerada superior. Ora, por meio da ressurreição, o Julgamento evoca o mais fabuloso dos milagres, o mais inacreditável: voltar da morte. Não renascer em um novo corpo, mas desfazer o que foi feito, anular o que, no entanto, é aceito como definitivo e inelutável. De resto, a ressurreição, símbolo do poder infinito, está presente em inúmeras tradições. Pensamos em Jesus com Lázaro, em Asclépio fulminado por Zeus, que não tolerava a ressurreição de mortais, em Isis reconstituindo o corpo de Osíris, em Orfeu libertando Eurídice dos Infernos.

Não há dúvida de que o maior interesse do Julgamento repousa no fato de ele manifestar um retorno à vida e, mais especificamente, à vida terrestre. Desse modo, na sequência das lâminas, ele exprime a possibilidade de alcançar a realização, não em outro mundo ou em um paraíso qualquer, mas na terra. Não há necessidade de morrer para conhecer a bem-aventurança; basta despertar. A vida terrestre pode ser maravilhosa para quem se abre aos outros e ao mundo.

Cenário de vida

O Julgamento apresenta uma cena harmoniosa, no relacionamento de pessoas que se unem com o mesmo objetivo, com o mesmo desejo. Já não se trata do dois unificado pelo Sol (o par de gêmeos), e sim do três unificado. Nesse sentido, o arcano XX constitui uma etapa fundamental na evolução individual; pensamos especialmente na resolução do complexo de Édipo quando os três membros (o pai, a mãe e o filho) encontram seu lugar e nele se sentem bem.

Muitas vezes, o observador também associa o arcano XX ao fato de ser julgado e, mais particularmente, ao medo de sê-lo. Ele assume sentido como Juízo Final, ou seja, como algo que ilustra um exame simbólico ou real. Desse modo, traduz o olhar de Deus, dos outros, da sociedade e do ambiente sobre o indivíduo. Mais ainda do que a Justiça, está vinculado à sentença, ao veredito, com frequência até à punição ou expiação necessária. De resto, muitas vezes isso revela um sentimento de culpa, pois qual razão haveria para se temer ser julgado se a própria consciência está em paz? E é porque o indivíduo nutre apenas raramente um sentimento de total serenidade que vive no temor do julgamento e, em certa medida, empenha-se em fugir dele. A vigésima lâmina o confronta com uma angústia existencial, remetendo-o à sua responsabilidade sobre seus pensamentos, suas palavras e seus atos.

Em síntese, o arcano XX marca a última prova, a conscientização final e total. Intervém como a consequência da Justiça: toda ação provoca uma reação. No entanto, à diferença do arcano VIII, o Julgamento propõe um meio de evitar uma colheita negativa, a possibilidade de transformar toda situação, invertendo os efeitos. Esse recurso supremo é a fé, a crença absoluta. Não se trata necessariamente de acreditar em um princípio divino, mas sobretudo de acreditar em si mesmo, na natureza perfectível do homem. A confiança sem limites e a ausência de dúvidas destrutivas garantem a realização de todos os desejos, sem exceção.

Tudo é possível para aquele que crê. A fé move montanhas, pulveriza as proibições, ultrapassa os limites reais ou imaginários.

> **Importante:** em sua interpretação concreta, o Julgamento nos fala essencialmente do passado, que não está morto e pode renascer (tema da ressurreição); ao passo que, em sua aplicação invertida, o passado está definitivamente concluído, e é preciso voltar-se para o futuro sem olhar para trás.

Palavras-chave
Ressurreição, passado, retorno, oração, fé, comunhão.

Desejos, medos e sentimentos
Na posição correta: você aspira a restabelecer o vínculo com o passado, a reconciliar-se com alguém, a retomar uma antiga relação ou uma antiga atividade, ou ainda a começar uma análise. Embora você se encontre em uma dinâmica de mudança, busca preservar elementos fixos em sua vida. Talvez também sinta a necessidade de se recolher, rezar ou meditar.

Na posição invertida: você deseja avançar, passar uma borracha em seu passado e voltar-se definitivamente para o futuro.

Potencialidades
Na posição correta: você é fiel a si mesmo e respeita seus compromissos, o que lhe permite lançar-se à ação sem correr o risco de não terminar o que começou. É tenaz e perseverante na maioria de suas iniciativas. Leva em conta suas experiências anteriores e, por conseguinte, é capaz de evitar cometer os mesmos erros.

Na posição invertida: a novidade não o amedronta, você até a busca ativamente. Está pronto para elaborar e gerar novas situações com perfeição. É progressista, sabe manter-se atualizado e não se deixa superar pelos acontecimentos.

Estratégias

Na posição correta: faça de seu passado uma força. Não se torne nostálgico nem passadista. Conserve o que há de benéfico em sua história pessoal e liberte-se do que há de nefasto. Saiba tirar as lições de suas experiências anteriores sem se sobrecarregar com situações obsoletas.

Na posição invertida: algumas páginas merecem ser viradas. Aproveite esse período para estabilizar sua situação. Avance e abra-se a novas ideias. Você só tem a ganhar ao assumir os riscos e se aventurar em terras desconhecidas.

Divisa

Na posição correta: *Quando somos incapazes de compreender nosso passado, somos forçados a revivê-lo* (George Santayana).

Na posição invertida: *Só podemos compreender a vida olhando para trás; só podemos vivê-la olhando para frente* (Soren Kierkegaard).

O Mundo

O arcano XXI do Tarô de Marselha se apresenta como um quadro cuja composição respeita as formas geométricas simbólicas:

— a verticalidade da estátua: símbolo do homem ereto;
— a forma oval da guirlanda: símbolo da origem das coisas, do ovo primordial;
— o quadrado com as quatro figuras cardeais: símbolo do Universo.

O Mundo ilustra a realização final, o término da evolução, a perfeição alcançada. A estátua imortaliza esse estado, indicando que, uma vez obtida, a sabedoria não pode ser perdida. O bastão na mão esquerda simboliza o poder de ação sobre as coisas. A autorrealização confere essa capacidade de transcender todos os limites, de adquirir um poder infinito e ilimitado, de agir sobre todas as situações. A mão direita envolve um frasco que contém a essência, ou seja, aquilo que é fundamental em detrimento do que é artificial.

A guirlanda tem um efeito protetor, mas que não encerra. Constitui um precioso índice para a compreensão da lâmina. Corresponde a uma mandorla, que é a forma oval em que são colocadas as figuras santas na iconografia religiosa. Desse modo, por sua simples presença, a mandorla que contorna a estátua lhe confere um caráter santo. Além disso, a forma da mandorla simboliza o ovo sagrado, ou seja, a matriz universal, que está na origem de todas as coisas.

Cada canto da carta contém uma figura que evoca o quaternário da visão de Ezequiel, com o touro para São Marcos, o leão para São Lucas, a águia para São Mateus e o anjo para São João.

O número 21, dado ao Mundo, é o produto do ternário e do septenário, dois números sagrados, de forte simbolismo.

O arcano XXI ilustra a realização total do ser. Intervém como a superação de sua condição: em que o humano se une ao divino. É a passagem do caos à organização, do impuro ao puro, do múltiplo ao Um. É a chegada vitoriosa daquele que passou por todas as etapas sem se deter em nenhuma, por desânimo ou por prazer. É o ponto de equilíbrio, o centro, o coração, o local em que tudo se torna imutável e permanente na supressão das vicissitudes.

Sentido psicológico

O arcano XXI deve ser considerado aquele que completa o ciclo das lâminas maiores. Esse fato é de extrema importância. Com efeito, convém não definir o Louco como aquele que sucede ao Mundo e, portanto, colocá-lo como o término do conjunto do tarô. O ciclo real e, de resto, numerado, se estabelece do Mago ao Mundo, e o Louco se situa fora do jogo.

Dizer que o Mundo encerra o tarô significa que nenhuma experiência é concebível além dele, que nenhuma evolução é possível. Nesse sentido, ele representa a perfeição. Nenhum outro desejo, nenhuma outra necessidade nem exigência se manifestam: tudo foi atingido. Também já não há conflito nem sofrimento. Apenas a tranquilidade, a felicidade e a serenidade permanente. O indivíduo validou todas as provas, passou pela experiência de todas as coisas, incluída a da tentação (o Diabo) e a da queda (a Casa de Deus), e as superou. Tendo obtido sua realização interna, não precisa subtrair-se à vida nem fugir da existência humana ou do mundo terrestre; ao contrário, pode permanecer nele. É por essa razão que a lâmina se chama Mundo: não descreve um lugar celeste ou imaterial. O sábio ou o santo continua a viver, a existir, a trabalhar, a amar e a estudar, mas sua relação com a realidade é outra. Ele age sem se prender ao fruto da ação. Ama sem se prender ao objeto de seu amor. Acolhe cada instante de maneira positiva, compreendendo tudo e não rejeitando nada. Pois a felicidade está nele, no interior de seu ser, inabalável e eterna.

Cenário de vida

Toda espiritualidade se baseia na capacidade individual de superar sua condição. A natureza humana é considerada perfectível: o homem está apto a se aperfeiçoar, a reduzir suas fraquezas e a potencializar suas qualidades. É capaz de se tornar puro e bom. Negar a riqueza do ser humano é rejeitar toda perspectiva espiritual. Todas as tradições definem um estado de perfeição no qual o homem usufrui eternamente da felicidade: chama-se Paraíso, Nirvana, Satori, Campos Elísios. Na verdade, pouco importa o significante, a qualidade do estado é sempre a mesma: a suprema bem-aventurança.

Para o observador livre das referências psicológicas clássicas, a vigésima primeira lâmina assume sentido como o nascimento, a vinda ao mundo, o reconhecimento, a comunicação. Resta certo paradoxo entre a estrutura fechada da lâmina (a mandorla que emoldura) e o significado da abertura, que será tratado de modo diferente dependendo do observador.

Em todo caso, o Mundo abre o individual ao universal, o humano ao divino, a terra ao céu. Reúne todos os elementos em um equilíbrio perfeito e salvador.

Palavras-chave

Realização, florescimento, tranquilidade, abertura, tolerância.

Desejos, medos e sentimentos

Na posição correta: você sente necessidade de encontrar seu caminho, de se realizar e de se desenvolver. Tem vontade de fazer grandes coisas. Seus ideais são elevados. Cuidado para

que não sejam inacessíveis. Sua prioridade é encontrar o que lhe corresponde de fato. Você também tem vontade de partilhar suas experiências, de se comunicar e de trocar ideias.
Na posição invertida: você tem dificuldade para se desenvolver. Suas necessidades não são definidas com clareza, o que o impede de sentir-se realizado e pleno. Você não está totalmente satisfeito com sua condição, e os avanços positivos nos diferentes domínios de sua vida não são suficientes para torná--lo feliz por completo.

Potencialidades
Na posição correta: você está em condições de encontrar seu caminho e elevar-se. Sabe dar sentido à sua vida. Sua natureza exigente e perfeccionista lhe permite aceitar os desafios mais audaciosos e alcançar seus ideais.
Na posição invertida: você não consegue elevar-se. Tem uma visão demasiado concreta ou materialista da existência e não se aprofunda o suficiente em seus projetos e objetivos. Vê apenas uma parte das coisas (fechamento do espírito) e, por isso, ignora as riquezas que estão dentro ou fora de você.

Estratégias
Na posição correta: saiba dar sentido à sua vida. Coloque sua realização pessoal à frente de todo o resto, afastando as coisas supérfluas que não merecem que arruinemos a vida, a alma e a saúde para defendê-las. Antes de tudo, tente entrar em harmonia consigo mesmo. Você será mais feliz se fizer o que

realmente deseja fazer, ainda que, para tanto, tenha de renunciar a certas aquisições.

Na posição invertida: você só encontrará seu caminho se o procurar ativamente e estiver convencido de sua existência.

Divisa

Na posição correta: *Qual é o valor dos homens? O que eles buscam* (provérbio persa).

Na posição invertida: *Uma pessoa sem projetos de longo prazo terá, necessariamente, preocupações a curto prazo* (Confúcio).

O Louco (Le Mat)*

O Louco do Tarô de Marselha põe em cena um homem que avança com um passo determinado. Seu andar parece rápido, pois ele dá grandes pernadas. Move-se para a direita, ou seja, dirige-se para o desconhecido. Parte para visitar regiões ainda inexploradas. Simboliza a aventura, com toda a riqueza que ela pressupõe, mas também com toda a incerteza que ela subentende. Em seu movimento, ampara-se

---

* Os estudiosos do tarô interpretam o termo *mat* segundo três significações principais: 1) no francês, como adjetivo para designar o jogador que perde a partida de xadrez em razão da posição vulnerável do rei (xeque-mate); 2) no árabe, com o significado de "morto"; 3) como uma apócope do italiano *matto* (louco). (N. da T.)

em um bastão amarelo, que, tal como o do peregrino, representa a relação estabelecida entre o humano e a Terra-Mãe.

Suas roupas lembram as do bobo da corte.* Por essa razão, muitas vezes a carta teve o nome alterado para "Le Fou" (que em português significa "louco" ou "bobo da corte"). De resto, essa mudança de identidade deve-se não apenas à vestimenta, mas também à atitude do personagem, que, para inúmeros comentadores, encarna o vagabundo, o inconsciente, aquele que não sabe aonde vai. De fato, o Louco é o que se opõe às consciências e às mentalidades humanas. Diverte e assusta ao mesmo tempo, pois muitas vezes o riso e a zombaria permitem exorcizar o medo. É objeto de rejeição, pois não é como todo mundo. Simboliza por excelência a diferença e o estrangeiro.

Sua calça apresenta um rasgo que deixa sua pele aparecer. Um animal, geralmente identificado com um cão, põe as patas dianteiras nessa abertura como se quisesse agarrar ou atacar. Simboliza a atitude do grupo que se opõe ao indivíduo "fora da norma", que o marginaliza e o exclui.

Se o Louco ilustra a perfeita separação, o fato de largar tudo, o abandono de tudo o que se possui, o alforje sugere a única coisa que resta: a experiência, o passado, a memória, ou seja, tudo o que constitui a história pessoal, feliz ou não, que trazemos conosco e da qual nunca podemos realmente nos desfazer.

---

* Em francês, *fou du roi*. (N.T.)

Sentido psicológico

O Louco sugere a experiência da liberdade na subtração à vida comum e a suas passagens obrigatórias. Por essa razão, ele encarna a diferença comportamental e psíquica. Por escolha ou por obrigação, por gosto ou por necessidade, é o excluído. Seu percurso, muitas vezes solitário e difícil, pode conduzi-lo tanto à sabedoria quanto à loucura. Pode engrandecê-lo ou rebaixá-lo, libertá-lo ou prendê-lo.

O Louco constitui um caminho raro, que só pode ser individual e não coletivo. Todo o poder de sua significação reside nessa exceção às regras, bem como na solidão que ele manifesta. As interpretações costumam ser demasiado pejorativas e traduzem o comportamento do homem comum perante a diferença. Quem não segue o mesmo caminho que o comum dos homens é necessariamente louco.

Esse caminho particular pode ser fruto de uma escolha ou de uma obrigação:

1. De uma escolha: como vontade de se subtrair às vicissitudes da vida cotidiana, como desejo de afastar-se dos humanos para aproximar-se do divino, como aspiração a libertar-se da matéria, o Louco encarna no místico com a escolha de uma vida monástica, por exemplo. Trata-se de uma exclusão ou de um afastamento voluntário.
2. De uma obrigação: contudo, o Louco também ilustra os que partem, não porque consentem e estão felizes, mas porque são obrigados e forçados. Aqui estão

reunidos todos os marginais, os excluídos e os originais. Mais uma vez, não significa que sejam loucos; apenas são diferentes. Nomeiam-se mendigos, vagabundos, errantes, mas também viciados em drogas, deficientes mentais, artistas malditos etc. A distinção entre estes e os primeiros (os místicos) reside não na natureza ou na qualidade de seu estado, mas em sua causa e em seu efeito. A exclusão não é desejada, é sofrida. São rejeitados, e por serem rejeitados vivem em um mundo à parte, inacessível aos outros.

Em ambos os casos, o caminho do Louco é de ordem diferente daquela do caminho das lâminas maiores: por certo, ele deixa uma liberdade maior ao indivíduo, mas também compreende riscos. De fato, exige muita força e abnegação.

Cenário de vida

A lâmina sem número assume um valor positivo para quem a faz corresponder ao desejo de largar tudo, de partir, de se libertar das coerções, e um valor negativo para quem se percebe como vítima, como incompreendido e mal-amado.

Portanto, de um ponto de vista psicológico, o Louco exprime uma independência voluntária ou sofrida. Constitui o fato de se distanciar do ambiente, ou até mesmo das regras instituídas, em razão de suas ideias ou de seu comportamento. A partir de então, torna-se rebelde quem ousa afirmar-se na transgressão das proibições.

De igual modo e paradoxalmente – mas sua ambivalência constitui uma de suas principais propriedades –, o Louco representa o maldito, o pestilento, o que perdeu tudo, aquele de quem tudo foi tirado, aquele que é ou se considera perseguido, o que, de um ponto de vista psicológico, é a mesma coisa. Portanto, ele contém certo sofrimento, certo mal-estar, pois sempre é difícil não ser como todo mundo. Portanto, mais do que nunca, ele expõe o problema da identidade.

Por fim, o Louco lembra ao homem que ele é livre, que pode partir, tornar a partir, mudar de vida, largar tudo e recomeçar a qualquer momento. Em última instância, está preso apenas às suas correntes internas, mas essas correntes são difíceis de romper. A menos que se trate de uma fuga, é preciso coragem para tomar o caminho do Louco.

Palavras-chave

Partida, aventura, impulso, liberdade, marginalidade.

Desejos, medos e sentimentos

Na posição correta: você tem vontade de se mexer, seja real ou simbolicamente. Aspira a recomeçar do zero. Sente a necessidade de se engajar em aventuras pouco comuns e inovar.
Na posição invertida: você tem medo de se lançar. Não ousa voar com as próprias asas. Não se sente pronto para alçar voo porque, inconscientemente, talvez prefira permanecer no conforto do ninho.

Potencialidades

Na posição correta: você está pronto para se lançar na aventura. É capaz de se libertar das ideias preconcebidas, das contingências materiais e do olhar dos outros.

Na posição invertida: você tem dificuldade para começar a agir e tem medo de partir, de largar tudo, de ficar desprovido de recursos ou de conhecer a falta, ainda que, ao mesmo tempo, espere mudanças. Segue o caminho traçado pelos outros, ainda que não lhe convenha.

Estratégias

Na posição correta: diferencie-se, siga seu próprio percurso e conserve sua liberdade e sua originalidade. Seja dinâmico e inventivo. Não se contente em sonhar, aja.

Na posição invertida: esteja no "aqui e agora". Se não der para partir (porque você não tem a coragem ou os recursos necessários para tanto), você pode encontrar em sua vida atual fontes de satisfação e realização.

Divisa

Na posição correta: *Em terra de gente nua, quem anda vestido passa por louco* (provérbio indiano).

Na posição invertida: *Você nunca saberá do que é capaz se não tentar* (provérbio americano).

SEGUNDA PARTE

Aspectos práticos

*Métodos, instruções,
tiragens e exemplos de análise*

Métodos e instruções do Tarô psicológico

O Tarô de Marselha é um instrumento fantástico para se conhecer a si mesmo e o outro. Utilizado por alguns psicanalistas e psicoterapeutas no Canadá e nos Estados Unidos, ele dá voz ao interlocutor, permite considerar as diferentes estratégias e analisar o potencial do indivíduo.

Os métodos que proponho foram elaborados com a perspectiva de dar a todos a possibilidade de utilizar o tarô psicológico e se beneficiar de seu ponto de vista e de seus bons conselhos. Eles aliam a riqueza dos 22 arcanos maiores à precisão de parâmetros (linguagem do tarô) ou dos questionamentos (investigação de causas e estratégias).

Utilização do tarô psicológico:

- facilitar o discurso: nesse âmbito, ele pode ser utilizado em escala individual ou coletiva (grupo de discussão, terapia, mas também setor da empresa);

- investigar as causas: permite esclarecer o consulente sobre o porquê de sua situação, de sua vivência e de suas emoções;
- investigar as estratégias: é utilizado aqui para ajudar a pessoa em suas decisões, para revelar suas potencialidades e permitir-lhe explorá-las melhor.

Importante: em todos os casos, a originalidade do tarô psicológico é considerar o consulente o principal agente, fazê-lo participar plenamente da leitura das lâminas.

Metodologia de base

De acordo com o método, as cartas são escolhidas com a face visível (linguagem do tarô, tiragem relacional) ou com a face oculta (tiragem da personalidade, tiragem de estratégias).

Em todos os casos, o consulente participa da interpretação. O tarólogo deve levá-lo a buscar as respostas por si mesmo, ou seja, a expor sua interpretação, suas emoções e o significado que ele atribui à sua tiragem.

Se a carta foi escolhida, ele comenta sua escolha, estabelece a relação com o parâmetro correspondente (meu relacionamento, meu trabalho, eu) ou com seu questionamento.

Se a carta foi tirada, o tarólogo expõe sua análise e pergunta ao consulente se ele se reconhece ou não no que o tarô lhe diz.

A consulta sempre se realiza face a face, em uma mesa suficientemente ampla para permitir a disposição das lâminas.

No ritual de consulta, todos os pontos têm um valor prático ou simbólico. O procedimento que preconizo é simples e sóbrio.

1) *Trabalho sobre a escolha das lâminas dispostas com a face descoberta*
   Para as técnicas que implicam a escolha das cartas, os arcanos são necessariamente apresentados com a face descoberta. O melhor modo é dispô-los na ordem, do Mago ao Louco, virados para o consulente (ou seja, as cartas devem estar na posição correta em seu sentido de leitura).
   Em seguida, o tarólogo pede para que o consulente escolha uma ou várias cartas. O tarólogo não deve fazer nenhum comentário nem induzir a nada, tampouco responder às eventuais perguntas de seu consulente, e sim deixar a ele toda a responsabilidade por sua escolha.

2) *Trabalho sobre a tiragem das lâminas dispostas com a face ocultada*
   Embaralhar as lâminas: o consulente deve embaralhar as 22 lâminas maiores de maneira circular, ou seja, não como faz um jogador, mas misturá-las formando

círculos. O sentido da rotação é indiferente; o essencial é embaralhar bem os arcanos, inclusive nas posições correta e invertida.

Expor as lâminas com a face ocultada: depois de ter reconstituído o monte, você deverá dispor as lâminas com a face ocultada. De preferência, tente formar um arco de círculo, de maneira que as lâminas fiquem bem espaçadas, facilitando a tiragem dos arcanos.

Tirar as lâminas: em seguida, o consulente deve tirar um número preciso de cartas em função da tiragem escolhida. Ele é totalmente livre para tirar as cartas como desejar. A única instrução é que as disponha (com a face ocultada) umas sobre as outras, à medida que as extrair do baralho. Com efeito, a ordem da tiragem das cartas é primordial para uma correta interpretação.

Dispor as lâminas: em seguida, pegue o monte de lâminas e vire-o como se abre um livro, a fim de não modificar seu sentido. É extremamente importante que não se mude a posição das lâminas, dada a influência preponderante de seu sentido correto e invertido na interpretação.

Uma vez virado o monte, disponha as lâminas em função da tiragem realizada.

Importante: quer você faça a tiragem para si mesmo, quer para um consulente, disponha as lâminas na sua frente. Em ambos os casos, será você quem irá interpretar a tiragem e exercer o ofício de tarólogo. Se fizer a tiragem para si mesmo, será ao mesmo tempo tarólogo e consulente. Portanto, terá de agir como se fosse para um consulente externo, dispondo as lâminas e interpretando-as à sua frente.

A GESTÃO DA CONSULTA

Os termos são escolhidos em função da distribuição dos papéis. O "tarólogo" ou "especialista" é o intérprete (ainda que não seja profissional). Distingue-se do "consulente", mas sabe que podemos ser, ao mesmo tempo, consulente e tarólogo, na medida em que praticamos as tiragens sobre nós mesmos.

Se às vezes o comportamento do consulente é muito próximo de uma demanda psicoterapêutica, também é verdade que ele se dirige voluntariamente a um tarólogo e não a um psicólogo. Como vantagem, a consulta tarológica permite um recurso pontual. De resto, em algumas pessoas, o comportamento é excepcional e responde a uma situação ansiogênica específica; já em outras o comportamento é sistemático, e a demanda, bem como a relação estabelecida, é quase de ordem terapêutica.

Portanto, é importante, tanto para o especialista quanto para o consulente, estabelecer certas regras, sobretudo estabelecendo o que é proibido e respeitando uma ética.

Essa parte se destina a definir as regras necessárias a uma prática positiva. Nesse nível, o especialista e o consulente têm uma responsabilidade. Se o primeiro tem de se esforçar para ser honesto em um plano material e em outro moral, o segundo deve impor limites à sua própria demanda, ou seja, comportar-se como adulto responsável e sensato.

As regras práticas

A instauração de um limite é determinante tanto para o tarólogo quanto para o consulente. Em psicologia, muito se insiste no papel fundamental, construtivo e catalisador do limite. De fato, ele se revela inevitável em todas as ciências humanas.

O limite se baseia na duração, no local, no pagamento e em certas condições anexas, referentes à relação específica do campo de intervenção.

O tempo
Para o tarólogo, é absolutamente necessário estabelecer uma duração, ou seja, um tempo máximo para a consulta, e é claro que, feito isso, convém não transgredir essa determinação. Nesse sentido, é preciso aprender a administrar o tempo de consulta. De resto, essa gestão é uma responsabilidade comum ao tarólogo e ao consulente. Eis por que convém explicar isso antecipadamente ao consulente, para que ele também possa utilizar o período que lhe é concedido da maneira mais proveitosa.

A duração habitual, que permite fazer uma análise completa e detalhada da situação do indivíduo, é de uma hora. De fato, cabe a cada um escolher seu tempo de consulta. Todavia, é inútil e muitas vezes até prejudicial fazer consultas muito longas (que ultrapassem uma hora), assim como é impossível fazer um trabalho aprofundado num tempo inferior a sessenta minutos.

O local

A consulta tarológica tem poucas exigências materiais. O essencial é não a fazer em um ambiente com muito barulho; deve-se, ao contrário, favorecer certo isolamento do mundo externo.

Chamadas telefônicas que interrompam a conversa a todo instante também devem ser banidas. A fim de respeitar seu cliente e assegurar sua própria concentração, o especialista deve evitar marcar horários durante a consulta em curso.

Marcar as consultas com antecedência

É algo altamente aconselhável. A fim de reunir as melhores condições, é preferível que o tarólogo e o consulente estejam realmente disponíveis. Com frequência, responder de imediato a uma pergunta significa proceder a uma conversa apressada e a uma análise pouco aprofundada. Também significa permanecer em uma pergunta com elevado grau de afeto. É mais construtivo não trabalhar em situações de urgência.

A fim de evitar a sobrecarga afetiva e a pressão psicológica relativas às consultas "feitas de improviso", é recomendável favorecer um ligeiro distanciamento. Marcar um horário faz com que o consulente elabore melhor sua solicitação e adie sua demanda.

A relação dual
A consulta necessita de certa intimidade. Nessa perspectiva, aceitar a presença de uma terceira pessoa rompe a harmonia estabelecida. A consulta não admite espectador externo que não esteja relacionado à situação. A única exceção que pode ser feita diz respeito aos casais ou sócios. Fora esses casos muito precisos e seja qual for o grau de intimidade apresentado, a presença de uma terceira pessoa deve ser sistematicamente recusada.

Na maioria das vezes, impor uma terceira pessoa corresponde a uma atitude defensiva (tenho medo, por isso me defendo). Contudo, a terceira pessoa em questão só incomoda, ainda que apenas por sua posição de espectador passivo. Além de sua presença atrapalhar muito a concentração do tarólogo, ela impede a evolução da consulta no terreno da intimidade, bem como a suspensão dos mecanismos de defesa. O consulente permanece distante, e a comunicação se torna difícil; portanto, a troca é insatisfatória.

Não recorrer de maneira abusiva ou muito frequente às consultas
Não recorrer de maneira abusiva às consultas significa tornar-se responsável. Às vezes, a incerteza é tão intolerável que o indivíduo busca certificar-se, recorrendo ao tarólogo de maneira sistemática.

As consultas repetidas são inúteis e, muitas vezes, chegam a ser perigosas, pois mantêm a pessoa em um estado de dependência. Em princípio, a melhor atitude é esperar que as mudanças intervenham na situação do consulente para marcar um novo horário. Em geral, duas consultas anuais são mais do que suficientes. Quem as busca com mais frequência costuma estar fragilizado do ponto de vista psicológico: nesse caso, convém deixar passar ao menos um mês entre duas consultas.

As regras éticas

A objetividade

Representa a qualidade indispensável a ser adquirida e desenvolvida. O tarólogo não deve deixar transparecer emoções pessoais. Na verdade, deve abstrair sua própria pessoa. Nesse caso, também se trata de uma condição difícil de ser cumprida, uma vez que a natureza humana está sempre pronta a se envolver no que vê, observa ou analisa. Uma interpretação objetiva corresponde a uma leitura impessoal, o que não a impede de ser personalizada. Em outros termos, o consulente deve reconhecer-se no que lhe é dito, mas, em contrapartida, não deve reconhecer o tarólogo. Desse modo, para quem interpreta, convém esquecer-se por completo: não fazer referências à própria experiência, não julgar nem dar conselhos pessoais.

A definição e o respeito dos limites

Antes da consulta, é absolutamente necessário impor limites. O consulente não deve esperar tudo da consulta. O tarólogo não é, em nenhum caso, onipotente nem onisciente.

Sair da sedução

Uma vez impostos os limites, é importante responsabilizar o consulente, considerando-o apto a entender, aceitar e compreender todas as informações fornecidas.

Na preocupação de proteger e tranquilizar, o tarólogo tende a tratar seu consulente "de forma maternal". Ao fazer isso, induz e reforça a atitude passiva e a busca de desresponsabilização. Torna a consulta um ato de infantilização e mantém o consulente em sua carência de cuidados.

Pode acontecer de a consulta produzir eventos negativos, ou seja, não conformes com o desejo do consulente. Essa situação não é rara e merece ser destacada. O tarólogo deve mostrar ao consulente a negatividade das situações e a não realização dos desejos. Contudo, pode ser capaz de fazê-lo permanecendo positivo, o que nos leva à regra seguinte: o positivismo.

O positivismo

Dizer a verdade permanecendo sempre positivo: esse é, por excelência, o propósito de uma consulta. Para muitos, essa definição parece incoerente, irrealizável e contraditória.

Ser sempre positivo significa conseguir despertar fé, confiança e combatividade no consulente, e não lhe dizer sistematicamente tudo o que ele tem vontade de ouvir; tampouco é agradá-lo sempre, mas apenas lhe comunicar uma visão positiva da vida.

Uma relação de adulto para adulto
Às vezes, considerar o consulente um adulto implica frustrá-lo, nem sempre lhe dar razão e obrigá-lo a reconsiderar sua situação. Responsabilizá-lo também significa explicar-lhe que ele tem poder sobre os acontecimentos, que seu futuro está em suas mãos. O tarólogo deve guiá-lo sem nunca substituir seu livre-arbítrio. Ao consulente sempre cabe escolher, tomar por si próprio suas decisões, assumir suas responsabilidades.

A LINGUAGEM DO TARÔ

Antes de ler as explicações que se seguem, convido o leitor a fazer um teste consigo mesmo (veja as páginas 222-223).

Em meu curso universitário, aprendi uma técnica projetiva, chamada de "fotolinguagem". Esse método, utilizado em terapia, animação de grupos e empresas, consiste em se apresentar, expor sua percepção, propor seu ponto de vista ou ainda responder a uma pergunta, escolhendo e, em seguida, comentando uma fotografia.

Adaptei a técnica ao tarô, criando um teste projetivo que reúne um grande número de parâmetros que permite obter uma análise acurada e bem-sucedida do indivíduo, de sua personalidade, de suas motivações profundas, de suas angústias e de seus condicionamentos positivos ou negativos.

Dependendo da necessidade, o teste que proponho pode ser fragmentado.

Por exemplo, para uma pessoa preocupada em fazer um balanço da própria vida, podemos considerar apenas os quatro parâmetros seguintes: minha vida, meu passado, meu presente e meu futuro.

Ou ainda, em um grupo – por exemplo, em terapia familiar –, podemos selecionar os seguintes parâmetros: eu, minha mãe, meu pai, meus irmãos e minhas irmãs, meu cônjuge, meus filhos.

Desse modo, é possível adaptar o teste ao consulente em função de sua problemática.

Contudo, para uma análise aprofundada, é recomendável fazer o teste em sua integralidade.

O teste compreende duas etapas:

1ª etapa: a divisão dos 22 arcanos maiores em função da percepção

O consulente deve classificar as cartas em três categorias:

– percepção positiva – "gosto";
– percepção neutra – "lâmina indiferente";
– percepção negativa – "não gosto".

Importante: ainda que se escolha selecionar e trabalhar apenas com base em alguns parâmetros do teste (minha angústia, minha carência, meu desejo mais profundo, por exemplo), é necessário proceder à primeira etapa.

Para essa repartição dos arcanos, convém apresentar as cartas na ordem, uma após a outra, para evitar os efeitos de contaminação. Apresentamos o Mago ao consulente e lhe perguntamos o que ele sente: "Para você, esta carta corresponde a uma percepção positiva (gosto), neutra (ela lhe é indiferente ou não lhe inspira nada) ou negativa (não gosto)?". Anotamos sua resposta e prosseguimos, procedendo da mesma maneira com a Papisa até o Louco.

É o tarólogo que preenche a tabela, anotando as respostas do consulente.

Nessa parte, você não deve fazer nenhum comentário, indução ou sugestão. Também procure evitar expressões faciais (sorrir, franzir as sobrancelhas etc.).

As respostas devem ser espontâneas (no máximo cerca de dez segundos por carta). Se o consulente não souber o que responder – o que é raro –, não o ajude nem dê sua opinião pessoal; simplesmente passe para a carta seguinte e, ao final, volte às que apresentaram problemas.

Uma vez preenchida a tabela, some as cartas com percepção positiva (+), neutra (=) e negativa (-).

2ª etapa: a escolha das lâminas

Mais uma vez, é você quem fica com a tabela do teste e anota as respostas do consulente. Antes de tudo, disponha diante dele, em duas ou três linhas, os 22 arcanos maiores, na ordem.

Coloque a tabela de lado e faça com que o consulente não a veja quando selecionar as cartas; assim, você evita orientar suas respostas.

Tal como na etapa anterior, não faça nenhum comentário, nem indução, nem sugestão. O consulente deve pegar apenas uma carta por parâmetro. Ele pode reutilizar várias vezes a mesma carta e, se o fizer em excesso, não chame sua atenção. Limite-se a anotar as respostas.

Se ele precisar de um esclarecimento sobre um parâmetro, tente dizer o mínimo possível e, sobretudo, permanecer neutro. Por exemplo:

O consulente: "Não entendo o que significa 'o dinheiro'. É o dinheiro que tenho? Como considero o dinheiro? Ou meu desejo a esse respeito?".

O tarólogo: "É como você o entende. Escolha a carta em função do modo como você entende esses termos".

Análise da linguagem do tarô

Depois de preenchido o teste, escreva os códigos (+), (=) e (-) da tabela de classificação das cartas na frente da lâmina escolhida para cada parâmetro.

Por exemplo, o consulente escolheu a Força para se representar (parâmetro "eu"). Em sua tabela, a carta aparece na coluna da percepção positiva; então, você anota:

Eu: A Força (+)

Ao final, calcule o número de cartas (+), (=) e (-) no teste. Compare esses dados com a divisão da tabela. Várias possibilidades se oferecem:

– o indivíduo tem uma percepção positiva de si mesmo, de seu ambiente e de sua vida: (+) dominante;

- o indivíduo tem uma percepção negativa de si mesmo, de seu ambiente e de sua vida: (-) dominante;
- o indivíduo tem uma percepção neutra de si mesmo, de seu ambiente e de sua vida: (=) dominante;
- o indivíduo tem uma percepção dividida de si mesmo, de seu ambiente e de sua vida: oposição de (+) e (-).

Inicialmente, dois critérios importantes devem ser determinados na análise do teste: a estima de si mesmo e dos outros.

Para esses dois critérios, reúna e compare os seguintes parâmetros:

1) Autoestima:
Eu:
Meu corpo:
Minha mente:
Meu personagem social:
Minha principal qualidade:
Meu principal defeito:
Como os outros me veem:

2) Estima dos outros:
Minha mãe:
Meu pai:
Meus irmãos e/ou minhas irmãs (ou minha imagem de irmãos e irmãs, caso eu não os tenha):
Meu cônjuge (ou minha imagem de cônjuge, caso eu não tenha um no momento):

Meus filhos (ou minha imagem de filhos, caso eu não os tenha):
Os outros:
Meus amigos:
Minha relação com os outros:

Para a análise desses dois critérios, a primeira etapa consiste em somar os (+), os (=) e os (-) para cada um dos dois critérios e comparar os resultados. Quatro possibilidades se oferecem:

– uma boa estima de si mesmo e dos outros, (+) dominante em ambos os casos: a pessoa tem confiança em si e nos que a cercam. De um ponto de vista psíquico, é a melhor configuração possível, pois revela uma visão positiva de si e do outro;
– uma estima ruim de si mesmo e dos outros, (-) dominante em ambos os casos: a pessoa não gosta de si própria nem dos outros. Sua visão negativa pode indicar um estado depressivo passageiro ou duradouro;
– uma boa autoestima, (+) dominante, e uma estima ruim dos outros, (-) dominante: a pessoa sente um complexo de superioridade que a leva a ser indulgente consigo mesma e exigente com os outros. Ela se sobrevaloriza enquanto deprecia os que a cercam. Pode até desenvolver tendências paranoicas (não sou eu, é o outro), imputando aos que lhe são próximos a responsabilidade por seus infortúnios;

– uma autoestima ruim, (-) dominante, e uma boa estima dos outros, (+) dominante: a pessoa tem um sentimento de inferioridade que a leva a se denegrir e a se depreciar, enquanto sobrevaloriza os que a cercam. Muitas vezes, essa tendência se origina na infância como resultado de críticas e observações regulares de pais e educadores: "Você não serve para nada", "siga o exemplo de sua irmã, que tira boas notas", "você nunca vai conseguir nada" etc.

Evidentemente, a análise deve ser atenuada ao se levar em conta a divisão exata das percepções e, sobretudo, da percepção neutra. As indicações anteriores visam a ajudá-lo em sua interpretação, mas não o eximem de uma apreciação mais personalizada. Os dois exemplos de teste (páginas 224 a 250) podem lhe trazer algum esclarecimento sobre os possíveis comentários.

A interpretação do teste não pode ser sistematizada. Não há uma chave de leitura padronizada que permita dar uma explicação pronta em função das respostas.

Importante: antes de expor algumas sugestões sobre a escolha da carta, deixe o consulente se exprimir. É sempre ele que, em primeiro lugar, justifica sua escolha. Em um segundo momento, faça sua análise, que, em todos os casos, deve levar em conta o que o consulente disse e sua percepção (+), (=) ou (-).

Para a análise da linguagem do tarô, você deve:

1) **Tratar da autoestima**, comparando sobretudo as cartas escolhidas para os parâmetros "eu", "meu personagem social" e "como os outros me veem".

"Eu" corresponde ao "ser"; "meu personagem social", ao "parecer"; e "como os outros me veem", ao modo como o indivíduo se sente percebido. As cartas podem ser as mesmas ou muito próximas umas das outras em sua significação. Nesse caso, a personalidade é homogênea e harmoniosa. É verdadeira, autêntica e fiel a si mesma, seja qual for a situação. É capaz de transmitir a mensagem, pois se sente compreendida.

As cartas podem ser diferentes e até opostas em sua significação. Nesse caso, pode haver uma disparidade entre o "ser" e o "parecer" ou ainda uma dificuldade para se fazer compreender ("como os outros me veem"). Essa disparidade pode ser voluntária e estratégica; a pessoa se esconde atrás de uma máscara para se proteger. Porém, na maioria das vezes, essa disparidade é sofrida e traduz uma falta de sinceridade, uma vontade de seduzir e de se mostrar sob sua melhor luz, ou ainda um desconhecimento de si mesmo.

2) **Tratar da estima dos outros**, comparando sobretudo os personagens masculinos e femininos, as relações íntimas e gerais e as identificações (comparação entre

as figuras; por exemplo, a mesma carta para "meu pai" e "meu cônjuge").

3) Tratar dos outros parâmetros sem ordem prévia, pois é preferível reunir os vínculos (ver o item seguinte).

4) Insistir nos vínculos entre os parâmetros: a mesma carta é escolhida para diferentes critérios. Nesse caso, a equação é simples: se eu = Roda da Fortuna e meu passado = Roda da Fortuna, então, eu = meu passado. Disso resultam a ideia de uma dificuldade para evoluir, para se desfazer de condicionamentos anteriores, ou (se a percepção for positiva) uma fidelidade a si mesmo, o respeito a uma linha de conduta determinada há muito tempo, talvez desde a infância. Ainda que a equação seja simples, não deve conduzir a uma análise sem critérios. A interpretação sempre deve permanecer sutil e levar em conta o discurso do consulente.

Quando bem analisada, a linguagem do tarô é uma mina de informações. A interpretação requer um bom domínio, que você irá adquirir com a prática. Portanto, é necessário fazer o máximo de testes para compreender suas engrenagens.

A leitura atenta dos dois exemplos lhe dará igualmente algumas chaves preciosas.

A linguagem do tarô
Teste projetivo

Nome:
Data:

1ª etapa: Percepção das lâminas		
Percepção positiva "Gosto"	Percepção neutra "Lâmina indiferente"	Percepção negativa "Não gosto"
Total:	Total:	Total:

2ª etapa: Escolha das lâminas
Escolher uma lâmina, da maneira mais espontânea possível, para representar:

1. Eu:
2. Minha mãe:
3. Meu pai:

4. Meus irmãos e/ou minhas irmãs (ou minha imagem de irmãos e irmãs, caso eu não os tenha):
5. Meu corpo:
6. Minha mente:
7. Minha vida:
8. Meu passado:
9. Meu presente:
10. Meu futuro:
11. Meu cônjuge (ou minha imagem de cônjuge, caso eu não tenha um no momento):
12. Meus filhos (ou minha imagem de filhos, caso eu não os tenha):
13. Os outros:
14. Meu personagem social:
15. O trabalho:
16. O dinheiro:
17. O que eu gostaria de ser:
18. O que eu não gostaria de me tornar:
19. Meus amigos:
20. Meu caminho (meu ideal de vida):
21. Minha angústia:
22. Minha principal fonte de prazer:
23. Minha relação com os outros:
24. Minha principal qualidade:
25. Meu principal defeito:
26. Minha carência:
27. Meu desejo mais profundo:
28. Como os outros me veem:

Nome: Julien
Data: 10 de agosto de 2008

Percepção positiva "Eu gosto"	Percepção neutra "Lâmina indiferente"	Percepção negativa "Não gosto"
A Papisa	O Carro	O Mago
A Imperatriz	A Roda da	O Enamorado
O Imperador	Fortuna	Temperança
O Sumo Sacerdote	O Pendurado	
A Justiça	O Diabo	
O Eremita	A Casa de Deus	
A Força	A Estrela	
O Arcano XIII	O Julgamento	
A Lua	O Louco	
O Sol		
O Mundo		
Total: 11 (+)	Total: 8 (=)	Total: 3 (-)

1. **Eu:** O Eremita (+).
2. **Minha mãe:** Temperança (-).
3. **Meu pai:** O Mago (-).
4. **Minha irmã** (Léa): O Carro (=).
5. **Meu corpo:** A Roda da Fortuna (=).
6. **Minha mente:** A Lua (+).
7. **Minha vida:** A Roda da Fortuna (=).
8. **Meu passado:** O Sumo Sacerdote (+).

9. **Meu presente:** O Diabo (=).
10. **Meu futuro:** O Louco (=).
11. **Meu cônjuge** (ou minha imagem de cônjuge, caso eu não tenha um no momento): A Imperatriz (+).
12. **Meus filhos** (ou minha imagem de filhos, caso eu não os tenha): O Sol (+).
13. **Os outros:** A Casa de Deus (=).
14. **Meu personagem social:** O Sumo Sacerdote (+).
15. **O trabalho:** O Eremita (+).
16. **O dinheiro:** A Estrela (=).
17. **O que eu gostaria de ser:** O Imperador (+).
18. **O que eu não gostaria de me tornar:** O Pendurado (=).
19. **Meus amigos:** A Roda da Fortuna (=).
20. **Meu caminho** (meu ideal de vida): O Eremita (+).
21. **Minha angústia:** O Carro (=).
22. **Minha principal fonte de prazer:** A Lua (+).
23. **Minha relação com os outros:** A Justiça (+).
24. **Minha principal qualidade:** O Mago (-).
25. **Meu principal defeito:** O Pendurado (=).
26. **Minha carência:** O Diabo (=).
27. **Meu desejo mais profundo:** A Papisa (+).
28. **Como os outros me veem:** O Louco (=).

Total: 12 (+); 13 (=); 3 (-).

As indicações (+), (=) e (-) foram acrescentadas após a escolha de Julien, em função de sua percepção pessoal, anteriormente estabelecida na tabela "Percepção das lâminas".

Análise do teste projetivo
Perguntei a Julien se ele aceitaria fazer o teste para uso no meu livro (sabendo que todos os exemplos apresentados na obra são casos reais e citados com o consentimento dos interessados), e ele concordou.

Julien é um rapaz de 19 anos. Um mês antes de completar 17 anos, foi embora de casa. Fazia algumas semanas que começara a namorar Sophie, também da sua idade. Os pais de Sophie acolheram Julien por quatro, cinco noites. Depois, explicaram-lhe que ele não poderia ficar na casa deles e deveria voltar para sua casa. Então, Julien dormiu uma noite na rua. Era inverno, e ele era menor de idade. Quando os pais de Sophie foram informados do fato, acolheram-no de novo, pois a ideia de que ele dormisse na rua lhes pareceu inconcebível. Os pais de Julien assumiram uma postura surpreendentemente passiva. Embora seu filho fosse menor de idade e continuasse a frequentar a escola, nada fizeram para vê-lo, entrar em contato com ele e pedir que voltasse para casa.

Julien ficou dois meses na casa da família de Sophie. Em seguida, o tio de Julien (tio de sua mãe) assumiu o controle da situação, recorrendo à justiça e ao serviço social. Durante todo esse período, os pais de Julien nunca tentaram reatar a relação com ele, nem mesmo quando ele manifestou sua vontade de dialogar. Deixaram-lhe bem claro que, a partir daquele momento, ele estava proibido de voltar para casa. Também o proibiram de ver a irmã, oito anos mais nova que ele.

Há dois anos e meio, Julien não se relaciona com os pais. Continua com Sophie e todos os finais de semana visita a família dela.

Nesse intervalo, concluiu o ensino médio com boas notas e saiu-se bem no primeiro ano de universidade.

Julien evocou suas percepções (+, = e -) sem hesitar. Em seguida, escolheu as cartas sem muita dificuldade (exceto "Minha relação com os outros", que lhe ofereceu alguns problemas).

Após anotar suas respostas, acrescentei sua percepção a cada carta.

Sua percepção do tarô é a seguinte: 11 (+), 8 (=) e 3 (-).

Suas respostas no teste são as seguintes: 12 (+), 13 (=) e 3 (-).

Comparando os dados, temos aproximadamente a mesma divisão, a não ser pelo fato de haver mais cartas (=) para o teste do que para a divisão das 22 lâminas maiores. Sua percepção é mais neutra, tendendo para positiva. Ele tem uma visão equilibrada e atenuada das coisas (classificação do baralho) e de sua vida (teste); em todo caso, sua representação não é absolutamente clivada, com a ausência da oposição (+)/(-).

Com efeito, sua percepção negativa tem um foco preciso: apenas três lâminas (o Mago, o Enamorado e Temperança), mas que, por essa razão, têm forte repercussão.

Faço esse primeiro comentário a Julien, e ele concorda.

Em seguida, passo para os primeiros critérios: Autoestima/ Estima dos outros.

Para a autoestima, temos:
Eu: O Eremita (+).
Meu corpo: A Roda da Fortuna (=).
Minha mente: A Lua (+).
Meu personagem social: O Sumo Sacerdote (+).
Minha principal qualidade: O Mago (-).
Meu principal defeito: O Pendurado (=).
Como os outros me veem: O Louco (=).
Resultado: 3 (+); 3 (=); 1 (-).

Temos a mesma proporção para a repartição das 22 lâminas maiores e para o conjunto do teste.

Julien tem uma boa autoestima, que no entanto é atenuada pela igualdade de (+) e (=). Reconhece seu valor sem ceder ao culto da personalidade.

Em seguida, analisamos cada parâmetro, e lhe peço sistematicamente para explicar as razões de sua escolha.

Eu: O Eremita (+).
Corinne: Por que "O Eremita"?
Julien: Porque ele está em movimento.
C.: Só isso?
J.: Sim.
C.: Ele também representa a maturidade. Tem idade.
J.: Sim.
C.: Na escolha das cartas, tudo conta, pelo menos no nível do inconsciente. Portanto, não podemos ocultar seu nome: "O Eremita", que remete às noções de solidão, independência e recolhimento. Você a escolheu por essas razões?

J.: Provavelmente. Aliás, não é inconsciente.

C.: Ter escolhido "O Eremita" indica profundidade, maturidade e busca. Ele avança e ilumina seu caminho.

Julien concorda.

Meu personagem social: O Sumo Sacerdote (+).

C.: Por que "O Sumo Sacerdote"?

J.: Por seu lado sério.

C.: O que é interessante no teste é confrontar o eu (o ser) e o personagem social (o parecer). No seu caso, você não pegou as mesmas cartas, mas, no final das contas, elas não são muito distantes uma da outra. Têm em comum a maturidade (a idade dos personagens), a profundidade e a dimensão, se não espiritual, ao menos interna ou intelectual. Muitas vezes, o Sumo Sacerdote encarna o pai, o mestre, o instrutor. Você transmite aos outros a imagem de autoridade moral?

J.: Talvez.

Como os outros me veem: O Louco (=).

C.: Por que "O Louco"?

J.: Porque ele se movimenta, se desloca...

Julien busca as palavras. Por isso, faço algumas sugestões relacionadas à carta.

C.: Por seu lado errante, original, nômade, marginal?

J.: Errante e nômade, sim.

C.: Esta carta remete à sua experiência de vida. Você foi embora de casa.

Julien balança a cabeça, sem muita convicção.

C.: "O Louco" é o excluído do tarô, o que inova. É banido, mas livre.

Julien não faz mais comentários.

C.: Ao fazer a síntese desses três parâmetros, dá para ver que sua autoestima é boa e bastante harmoniosa. São três cartas diferentes, mas que têm uma base comum, sobretudo no que se refere ao Eremita e ao Louco. Ambos estão em busca de alguma coisa e, de certo modo, são sozinhos.

Meu corpo: A Roda da Fortuna (=).
C.: Por que "A Roda da Fortuna"?
J.: Por sua característica de mudança.
C.: Ou seja?
J.: O corpo muda. Passados dez anos, quando nos olhamos no espelho, a imagem já não é a mesma, ainda que, internamente, o eu não tenha mudado.
C.: Portanto, esta carta representa o efeito do tempo.
J.: Sim.

Julien transmitiu uma percepção global sobre o corpo de modo geral (todos estamos sujeitos à mesma lei), e não sobre seu corpo em particular. Porém, decido seguir em frente. Outros elementos me parecem bem mais importantes em seu teste.

Minha mente: A Lua (+).
C.: Por que "A Lua"?
J.: Porque é onde estou.
C.: Na Lua?
J.: Sim.

C.: Quer dizer que é distraído?
J.: Sim.
C.: Só isso? Não há outras razões?
J.: Não.

Minha principal qualidade: O Mago (-).
C.: Por que "O Mago"?
J.: Sou trabalhador.
C.: É uma carta que corresponde a uma percepção negativa para você.
J.: Não gosto de trabalhar.
C.: Quer dizer que sua principal qualidade é ser trabalhador, mas é uma carta negativa porque você não gosta de trabalhar?
J.: Sim.
C.: É um paradoxo.
J.: Não. Trabalho porque é necessário, para alcançar um objetivo, mas não porque gosto.
C.: Portanto, é o resultado que conta, não o caminho.
J.: Se preferir.
C.: No entanto, você escolheu o Eremita para representá-lo, e o Eremita caminha.
Julien não reage.
C.: E quando você alcançar seu objetivo? O que vai fazer?
J.:Vou estabelecer outro.
C.: E vai recomeçar a trabalhar para alcançá-lo.
J.: Sim.

C.: Portanto, você passa o tempo trabalhando, fazendo algo de que não gosta, segundo suas próprias palavras.

J.: Sim.

C.: Desse jeito, corre o risco de nunca ser feliz.

Julien não faz nenhum comentário.

Meu principal defeito: O Pendurado (=).

C.: Por que "O Pendurado"?

J. (cujas respostas estão cada vez mais lacônicas): perda de recursos.

C.: Você a escolheu para representar seu principal defeito. O que quer dizer com "perda de recursos"? Impotência?

J.: Não estou falando de poder.

C.: Mas o Pendurado é impotente no sentido de que está impedido, bloqueado, travado, atado.

J.: Bloqueado, sim.

C.: Portanto, seu principal defeito são seus bloqueios internos.

Julien anui.

Concluímos a autoestima, que confirmo ser boa, embora alguns paradoxos e contradições tenham surgido nas análises.

Passamos para a estima dos outros. Temos a seguinte relação:

Minha mãe: Temperança (-).
Meu pai: O Mago (-).
Minha irmã (Léa): O Carro (=).

Meu cônjuge (ou minha imagem de cônjuge, caso eu não tenha um no momento): A Imperatriz (+).
Meus filhos (ou minha imagem de filhos, caso eu não os tenha): O Sol (+).
Os outros: A Casa de Deus (=).
Meus amigos: A Roda da Fortuna (=).
Minha relação com os outros: A Justiça (+).
Total: 3 (+); 3 (=); 2 (-).
Sem ser ruim, a estima dos outros é atenuada. Os (+) e os (-) são quase equivalentes, enquanto os (=) aumentam o destaque. Portanto, tudo depende dos outros.
Passamos à análise de cada parâmetro.

Minha mãe: Temperança (-).
C.: Por que "Temperança"?
J.: Porque minha mãe é moderada.
Espero um pouco mais de detalhes.
J.: Moderada e apaziguadora. Tenta evitar os conflitos... (Julien hesita.) Enfim, é conciliadora...
C.: É o que você realmente pensa, em se tratando da sua mãe.
J.: Sim.
C.: Você foi embora de casa. Se sua mãe é moderada, apaziguadora e conciliadora, como ela pôde romper o vínculo com você?
Julien não diz nada.
C.: É difícil criticar os próprios pais. Alguns esperam chegar aos quarenta, cinquenta ou sessenta anos para se permitirem

criticar a atitude da própria mãe ou do próprio pai. Um dos mandamentos da Bíblia é "honrarás teu pai e tua mãe".

Sei que os pais de Julien são judeus e que ele conhece o Antigo Testamento.

C.: Para você, Temperança é uma carta negativa.

Ele ainda não esboça nenhuma reação, mas sinto a tensão aumentar.

C.: Não o estou incitando a criticar seus pais, mas você tem uma história e...

J.: Você não sabe o que vivi!

O tom é seco, quase agressivo.

C.: Não sei o que você sente, mas conheço a sua história. Não se sai de casa aos 16 anos sem uma razão. Você não tem mais contato com seus pais e considera Temperança uma carta negativa. A escolha é sua, não minha.

J.: É uma coincidência.

Sentindo que ele não dirá mais nada, prefiro não insistir e passar para o parâmetro seguinte.

Meu pai: O Mago (-)

C.: Por que "O Mago"?

J.: Porque ele trabalha muito.

C.: Só isso?

J.: É a carta que melhor o representa.

C.: O Mago também é uma carta negativa para você.

Julien dá de ombros.

C.: Não quero fazer nenhuma associação leviana, mas para as duas figuras parentais você escolheu cartas que correspondem a uma percepção negativa.

J.: É uma coincidência.

C.: Ora, vamos, Julien! Um pouco de objetividade! Na tabela (mostro a ele enquanto falo), você colocou apenas três cartas na percepção negativa. E para representar seus pais você utiliza duas dessas três cartas; não pode ser uma coincidência.

Nesse momento, Julien manifesta claramente sua irritação por meio de seus gestos e de suas expressões faciais.

C.: Além do mais, são cartas muito pessoais, que realmente correspondem à sua percepção. Não são o Pendurado, o Arcano XIII nem a Casa de Deus.

Julien se mostra completamente fechado.

C.: Quer dizer então que o Mago é apenas por causa do trabalho?

J.: Sim.

C.: E anteriormente você me disse que não gosta de trabalhar.

Julien balança a cabeça, como se quisesse dizer "tanto faz!".

Embora a tensão seja palpável, passo para o parâmetro seguinte.

Minha irmã (Léa): O Carro (=)

C.: Por que "O Carro"?

J.: Não sabia o que colocar. Sei lá.

C.: Não faz nenhuma ideia?

J.: Não.

C.: Mas você escolheu essa carta.

Julien não quer dizer mais nada.

C.: Talvez a tenha escolhido justamente para mostrar que o vínculo foi rompido, e não sabe o que colocar porque não vê mais sua irmã.

J. (irritado): Seja como for, não importa o que eu coloque, você sempre vai arrumar alguma coisa para dizer!

C.: É o princípio do teste. Além do mais, é um teste projetivo, que revela as associações inconscientes.

J.: Não acredito nessas coisas.

C.: No entanto, baseio-me em elementos objetivos...

J.: Ah, é?

C.: Sim. Se você escolhe *inconscientemente* duas cartas de percepção negativa para representar seus pais, não é uma coincidência. Se para a sua irmã você pega uma carta sem saber por quê, também não é sem razão.

J.: Você diz o que lhe convém!

C.: Baseio-me em fatos. *Você* é quem faz a classificação das cartas e as escolhas associativas. Não o influenciei de nenhuma maneira. Apenas estou lhe mostrando os pontos que você se recusa a enxergar. Veja (aponto-lhe o teste), você escolheu o Carro para representar sua angústia, talvez porque sua irmã o preocupe mais do que você quer admitir ou até do que imagina.

Julien se levanta.

J.: Já chega! Seja como for, eu poderia ter escolhido qualquer coisa, e você inventaria algo para dizer.

Permaneço sentada.

C.: Mas, justamente, você não escolheu qualquer coisa. E não estou inventado os fatos, estou os expondo para você. Como não estabelecer uma relação entre sua irmã e sua angústia, já que você escolheu a mesma carta? Ainda é uma coincidência?

Julien continua em pé, com expressão séria.

C.: Quer parar?

J.: Sim.

C.: Tudo bem, é você quem decide.

A experiência com Julien se concluiu nesse ponto. Hesitei em colocar seu teste no livro, mas, por fim, decidi inseri-lo por três razões:

1) Era minha intenção inicial, e o fato de a análise ter sido interrompida não anula absolutamente o interesse desse exemplo, muito pelo contrário.
2) Foi Julien quem encerrou a conversa. Sua atitude faz parte da experiência com a qual ele consentira no início e cuja finalidade ele conhecia.
3) Por fim, é um exemplo particularmente interessante, talvez o que tenha revelado melhor o impacto do teste que elaborei.

Ao longo de minha prática (particular, em cursos e consultas), muitas vezes me aconteceu de ver pessoas perderem o controle ou chorarem, mas ninguém ainda tinha encerrado uma análise no meio do processo.

Não quero tecer muitos comentários sobre a atitude de Julien na sua ausência. Seria desleal, pois eu estaria tomando partido e sendo subjetiva. Apenas o farei me apoiando em elementos objetivos, tal como fiz em sua presença e como sempre é necessário fazer na prática do tarô psicológico.

Julien cedeu à experiência com grande resistência interna. Essa resistência não era consciente – pois ele poderia muito bem ter-se recusado a fazer o teste –, mas inconsciente. Desse modo, as defesas que o impedem de se confrontar com sua própria vida interna atuaram como uma isca. Aceitar fazer o teste significava: "Não tenho nada a esconder; encaro minha vida interna, pois faço o teste e aceito dar informações pessoais". Julien é um rapaz inteligente, um excelente teórico, um estudante de filosofia capaz de usar as palavras com talento. Contava sair das eventuais questões incômodas por meio do jogo da dialética. O que não sabia era que o teste revelaria associações inconscientes, que derrubariam seus belos discursos. Assim, logo Julien caiu em contradições, em *suas* contradições internas. Mesmo achando que estaria protegido ao escolher cartas *a priori* inofensivas, deu-se conta de que as cartas escolhidas para representar seus pais e sua irmã eram muito menos neutras do que havia previsto, pois anteriormente as classificara como negativas. Uma escolha que seu consciente havia esquecido, mas que seu inconsciente retivera. Do mesmo modo, o Carro (carta *a priori* inofensiva) representa sua irmã *e* sua angústia. Seu consciente não captou o vínculo, mas seu inconsciente sim. A esse respeito, Julien tem razão: nesse caso, a carta acaba sendo indiferente. O que é significativo é o fato de ela aparecer duas vezes – e apenas duas vezes – para sua irmã e para sua angústia. É tão simples quanto a matemática, ou seja: se A (minha irmã) = B (o Carro), e B (o Carro) = C (minha angústia), então A (minha irmã) = C (minha angústia).

Devo ser honesta e reconhecer: se propus a Julien fazer o teste, foi porque eu conhecia muito bem sua história e, portanto, sabia que ela teria algo interessante a revelar. Não esperava esse resultado. Não fazia nenhuma ideia das cartas que ele escolheria, mas, por outro lado, sabia uma coisa: Julien foi marcado por sua experiência de vida, muito mais do que quer acreditar. Todo menor de 16 anos que rompe os laços com os pais só pode ficar marcado. Julien nutre a crença de que esses fatos não têm importância. Afirma sua indiferença. De certo modo, seus pais foram riscados do mapa. Quanto à sua irmã, a questão é menos evidente. Pelo menos, não pode ser formulada dessa maneira. Ele não sente rancor nem ódio (pelo menos aparentes), o que, em si, é algo bom, mas ele não entendeu que a relação com a mãe e o pai nunca é neutra. Em se tratando de figuras parentais, não é tão simples assim. É até muito complicado.

Ao compreender que não podia se esconder e que seu manejo da retórica não o ajudaria em nada, Julien preferiu interromper bruscamente a conversa. Desse modo, revelou que ainda não estava pronto para se confrontar com sua vida interna. Só posso torcer para que um dia ele consiga fazê-lo.

Nome: Marie
Data: 7 de janeiro de 2008

Percepção positiva "Gosto"	Percepção neutra "Lâmina indiferente"	Percepção negativa "Não gosto"
O Mago	A Papisa	O Pendurado
A Imperatriz	O Imperador	O Arcano XIII
O Enamorado	O Sumo Sacerdote	O Diabo
O Carro	A Justiça	A Casa de Deus
A Força	O Eremita	A Lua
Temperança	A Roda da Fortuna	
A Estrela		
O Sol		
O Julgamento		
O Mundo		
O Louco		
Total: 11 (+)	**Total:** 6 (=)	**Total:** 5 (-)

1. **Eu:** A Imperatriz (+).
2. **Minha mãe:** A Papisa (=).
3. **Meu pai:** O Imperador (=).
4. **Meu irmão** (Michel): O Imperador (=).
5. **Meu corpo:** A Força (+).
6. **Minha mente:** O Julgamento (+).

7. **Minha vida:** O Louco (+).
8. **Meu passado:** O Louco (+).
9. **Meu presente:** O Mago (+).
10. **Meu futuro:** O Sol (+).
11. **Meu cônjuge** (ou minha imagem de cônjuge, caso eu não tenha um no momento): O Imperador (=).
12. **Meus filhos** (Solène): A Imperatriz (+).
    (Carole): A Estrela (+).
13. **Os outros:** A Roda da Fortuna (=).
14. **Meu personagem social:** O Enamorado (+).
15. **O trabalho:** A Justiça (=).
16. **O dinheiro:** O Pendurado (-).
17. **O que eu gostaria de ser:** A Estrela (+).
18. **O que eu não gostaria de me tornar:** O Pendurado (-).
19. **Meus amigos:** O Mundo (+).
20. **Meu caminho** (meu ideal de vida): O Mundo (+).
21. **Minha angústia:** O Arcano XIII (-).
22. **Minha principal fonte de prazer:** O Eremita (=).
23. **Minha relação com os outros:** O Enamorado (+).
24. **Minha principal qualidade:** Temperança (+).
25. **Meu principal defeito:** O Pendurado (-).
26. **Minha carência:** O Enamorado (+).
27. **Meu desejo mais profundo:** O Diabo (-).
28. **Como os outros me veem:** A Imperatriz (+).

Total: 12 (+); 13 (=); 3 (-).

As indicações (+), (=) e (-) foram acrescentadas após a escolha de Marie, em função de sua percepção pessoal, anteriormente estabelecida na tabela "Percepção das lâminas".

Análise do teste projetivo

Levando-se em conta que as justificações das cartas foram simples e claras, e para evitar uma transcrição muito longa, não farei referência à troca verbal provocada pelo teste, mas apenas à sua interpretação.

Marie é uma mulher de cerca de sessenta anos, independente, dinâmica e ativa. Vive sozinha, mas é muito próxima das duas filhas e tem muitos amigos e conhecidos. É animadora e se dedica muito à sua atividade, que exerce como profissional liberal.

Marie evocou sua percepção (+, = e -) com certa hesitação. Em seguida, escolheu as cartas sem muita dificuldade.

Após ter anotado suas respostas, acrescentei sua percepção em relação a cada carta.

Sua percepção do tarô é a seguinte: 11 (+), 6 (=) e 5 (-).

Suas respostas no teste são as seguintes: 17 (+), 7 (=) e 5 (-).

Comparando os dados, temos mais ou menos a mesma divisão no que se refere às percepções neutra e negativa; por outro lado, a proporção das cartas positivas é nitidamente mais importante no teste do que em sua classificação do tarô. Portanto, Marie tem uma percepção positiva de seu universo.

Está em harmonia consigo mesma e seu ambiente e tem um bom estado de espírito.

Para a autoestima, temos:
Eu: A Imperatriz (+).
Meu corpo: A Força (+).
Minha mente: O Julgamento (+).
Meu personagem social: O Enamorado (+).
Minha principal qualidade: Temperança (+).
Meu principal defeito: O Pendurado (-).
Como os outros me veem: A Imperatriz (+).
Total: 6 (+); 1 (-).

Marie tem uma boa autoestima. Quando lhe faço essa observação, ela teme que não seja "muito" boa. Respondo-lhe que de fato é "excelente", mas, no final das contas, de um ponto de vista psicológico, mais vale ter uma autoestima ótima do que mediana ou ruim. Marie ama a si mesma, e o essencial é que esse amor lhe permite amar os outros. O que é manifestamente o caso quando analisamos suas outras respostas.

O trunfo de uma excelente autoestima é a força, a segurança e a autoconfiança que dela extraímos; o risco pode ser uma dificuldade para se questionar, para lançar um olhar crítico sobre si mesmo e seus atos.

Eu: A Imperatriz (+).
Meu personagem social: O Enamorado (+).
Como os outros me veem: A Imperatriz (+).

Os três parâmetros que compõem a estrutura da identidade são homogêneos. Marie tem uma personalidade forte e estabelecida. Sabe quem é e – o que se revela um elemento muito positivo – sente-se percebida por aquilo que é (mesma carta para "eu" e "como os outros me veem"). Portanto, sabe transmitir a mensagem. É transparente, não se esconde e permanece a mesma em todas as circunstâncias. Seu personagem social (O Enamorado) mostra que ela é popular, que se dedica afetivamente às relações humanas e, quando necessário, atenua seus traços de caráter, afirmados sobretudo pela Imperatriz.

Meu corpo: A Força (+).
Minha mente: O Julgamento (+).

Duas cartas de percepção positiva, o que confirma a harmonia e a homogeneidade da personalidade de Marie. A relação com o corpo é saudável, algo longe de ser fácil em uma sociedade em que a relação com o corpo costuma ser problemática. Quanto à mente, segundo Marie, a escolha do Julgamento se justifica pela importância de sua vida espiritual, de sua fé e da oração.

Ambas as cartas são distintas sem serem opostas; portanto, não há confusão nem antagonismo entre o corpo e a mente.

Minha principal qualidade: Temperança (+).
Meu principal defeito: O Pendurado (-).

Marie respeita a lógica colocando uma carta positiva para sua qualidade – Temperança, que confirma sua sociabilidade e seu gosto pela comunicação – e uma carta negativa para seu defeito – o Pendurado, que ela interpreta como representante de seu aprisionamento a certas situações (especialmente seus problemas em relação ao dinheiro).

Para a estima dos outros, temos:
Minha mãe: A Papisa (=).
Meu pai: O Imperador (=).
Meu irmão (Michel): O Imperador (=).
Meu cônjuge (ou minha imagem de cônjuge, caso eu não tenha um no momento): O Imperador (=).
Meus filhos (Solène): A Imperatriz (+).
(Carole): A Estrela (+).
Os outros: A Roda da Fortuna (=).
Meus amigos: O Mundo (+).
Minha relação com os outros: O Enamorado (+).
Total: 4 (+); 5 (=).

A estima dos outros é nitidamente mais atenuada do que a autoestima. Entretanto, não é negativa (ausência total de cartas de percepção negativa). Porém, a presença de muitas cartas neutras traduz certa reserva, que Marie explica por sua experiência com as relações humanas e por inúmeras desilusões. Em se tratando dos outros, ela perdeu sua ingenuidade.

Faço-a notar que são sobretudo os homens a trazer essa nuança, à medida que ela escolheu sistematicamente para as figuras masculinas o Imperador, que para ela é uma carta neutra.

Para a coerência da interpretação, as cartas seguintes podem ser agrupadas:

Minha mãe: A Papisa (=).
Meu pai: O Imperador (=).
Meu irmão (Michel): O Imperador (=).
Meu cônjuge (ou minha imagem de cônjuge, caso eu não tenha um no momento): O Imperador (=).
Minha carência: O Enamorado (+).

O respeito dos personagens é evidente (uma mulher para a mãe, um homem para o pai), mas o casal parental não está em harmonia. Na realidade, é com Marie (a Imperatriz) que seu pai (o Imperador) forma um casal. Esse é o ponto mais interessante de seu teste – e o mais inesperado para Marie. Com efeito, seu teste revela um complexo de Édipo mal resolvido, atestado por dois fatos:

– a formação de um casal com o pai;
– todos os homens (o irmão, o cônjuge) são identificados com a figura paterna.

Marie reconhece que tem uma visão idealizada do pai; em contrapartida, descobre que ele "eclipsa" os outros homens. Após manifestar um instante de surpresa, ela de fato percebe que depois de seu divórcio, que remonta a quase quarenta anos, nunca construiu uma relação longa e séria com um homem. Por fim, nenhum homem lhe agrada (nunca está à altura do pai idealizado), ou então, se corresponde a seu ideal de companheiro, não está livre (tal como o pai, que constitui um casal com a mãe).

O fato de o Imperador ser uma carta neutra pode revelar a ativação das defesas em relação a essa problemática edipiana. Sem contar que, por ser uma mulher independente, os homens ocupam um lugar secundário em sua vida. Inconscientemente, Marie sabe que nenhum homem "será conveniente" e, mesmo que sinta uma carência afetiva (o Enamorado para "minha carência"), não deseja realmente encontrar alguém, pois esse não é seu "desejo mais profundo".

Para sua mãe (a Papisa), Marie manifesta poucas coisas: sua mãe lia muito e era culta, eis a razão para a escolha da carta. Pode-se notar que, em um teste em que muitas cartas foram reutilizadas e todos os personagens têm parâmetros associados, apenas a figura materna escapa dessa tendência. Sua mãe é única.

Meus filhos (Solène): A Imperatriz (+).
(Carole): A Estrela (+).
Eu: A Imperatriz (+).
O que eu gostaria de ser: A Estrela (+).

A escolha de cartas positivas para as filhas mostra que Marie foi "bem-sucedida" em sua função de mãe. Ama incontestavelmente suas filhas. Também respeita suas personalidades distintas, escolhendo duas cartas diferentes. Porém, surpreende o fato de ela restabelecer uma forma de igualdade na equação seguinte (estimo tanto Solène quanto a mim mesma: a Imperatriz para ambas; mas também estimo muito Carole, pois ela corresponde "ao que eu gostaria de ser"). Portanto, a identificação com as filhas é evidente. Suas filhas são "carne de sua carne".

Os outros: A Roda da Fortuna (=).
Meus amigos: O Mundo (+).
Minha relação com os outros: O Enamorado (+).

Esses três parâmetros confirmam uma estima dos outros globalmente saudável e positiva, com uma relação aberta para o amor e carregada de afeto.

Para os outros parâmetros, são possíveis os seguintes agrupamentos:

Minha vida: O Louco (+).
Meu passado: O Louco (+).
Meu presente: O Mago (+).
Meu futuro: O Sol (+).

Marie tem uma percepção muito positiva de sua vida. Vale ressaltar sobretudo a boa avaliação de seu passado, pois esse fato é raro. Normalmente, as pessoas tendem a depreciar o próprio passado, como se a felicidade estivesse sempre no amanhã, revelando, assim, sua incapacidade de encontrar os aspectos positivos em sua vivência. Marie confia em seu futuro, tem muita esperança e deseja ser feliz; no entanto, não considera sua vida passada um fracasso. O Louco exprime as inúmeras mudanças que marcaram sua existência. Por outro lado, o Sol pode evocar uma espera por mais simplicidade e estabilidade.

O trabalho: A Justiça (=).
O dinheiro: O Pendurado (-).
O que eu não gostaria de me tornar: O Pendurado (-).
Meu desejo mais profundo: O Diabo (-).

Essas cartas podem ser facilmente associadas. Marie não tem dinheiro e percebe essa falta como uma privação de liberdade (o Pendurado para "o dinheiro"); teme que essa falta se agrave e a aprisione cada vez mais (o Pendurado para "o que eu não gostaria de me tornar"). Portanto, é natural que seu desejo mais profundo seja ter mais dinheiro (o Diabo), poder agradar a si mesma, gastar sem contar. No entanto, para ela o Diabo é uma carta de percepção negativa: ela não gosta do dinheiro, embora o deseje, e talvez seja essa a razão de sua falta. O dinheiro deve ser merecido, deve ser o fruto de um esforço, de um trabalho (a Justiça). Não importa o que diga, Marie não deseja ser "rica", quer merecer o dinheiro que ganha, que a justiça seja feita e que seu trabalho seja remunerado de maneira equitativa (ela trabalha como profissional liberal).

Meu caminho (meu ideal de vida): O Mundo (+).

Escolher o Mundo para seu caminho significa exprimir o desejo de contribuir com ele, de depositar sua pedra para construí-lo. O Mundo não corresponde a exigências egocêntricas ou materialistas, mas evoca ideais elevados e a preocupação com os outros.

Minha angústia: O Arcano XIII (-).

Marie explica sem rodeios essa escolha: sua angústia é a morte. Não quer morrer, assim como não deseja mudanças radicais. A destruição e a violência lhe causam medo.

Minha principal fonte de prazer: O Eremita (=).

Embora sua sociabilidade apareça ao longo do teste, Marie também aprecia a solidão e o recolhimento. Precisa de um período de descompressão, longe da companhia dos outros. Segundo suas próprias palavras, seu "maior prazer é dormir", e o sono leva cada indivíduo à sua própria solidão, razão pela qual alguns sofrem de insônia. Marie não tem esse problema: gosta de dormir porque gosta de ficar sozinha e porque essa solidão, tal como o sono, a revigora.

De modo geral, o teste de Marie é homogêneo. Revela uma personalidade bem definida e harmoniosa. Portanto, sua análise não comportou dificuldades notórias.

Entretanto, dois elementos fundamentais se revelaram:

- a problemática consciente e reconhecida relativa ao dinheiro (problemática essa que é objeto de uma questão; ver "A tiragem das causas", página 271);
- a problemática inconsciente e revelada pelo teste relativa aos homens, com a imagem idealizada e onipresente do pai.

Até então, Marie sempre atribuiu seus fracassos sentimentais à sua independência obstinada e às suas exigências. No momento, é capaz de fazer outras considerações. Nenhum julgamento moral deve ser formulado. Marie leva sua vida como bem entende. Ter um parceiro afetivo não é uma obrigação nem deve ser considerado norma. No entanto, se ela deseja construir uma relação sentimental, esse conhecimento pode lhe ser útil.

A TIRAGEM DA PERSONALIDADE

Aplicação: análise psicológica.
Lâminas utilizadas: as 22 lâminas maiores ou dois baralhos de 22 lâminas maiores.
Duração: análise do presente e do próximo semestre.
Procedimento: aplica-se um ou outro dos dois métodos seguintes:

Primeiro método (com um único baralho de 22 lâminas maiores): embaralhar as lâminas e pedir ao consulente para tirar dez (com a face ocultada), formando dois montes de cinco lâminas. Em seguida, dispô-las em duas linhas horizontais.

Segundo método (com dois baralhos de 22 lâminas maiores): é necessário ter dois exemplares da série de 22 lâminas maiores. Pegar as 22 lâminas maiores e embaralhá-las. Pedir ao consulente que pegue cinco (com a face ocultada). Dispô-las em linha horizontal. Em seguida, com a segunda série de 22 lâminas maiores (ou seja, com outro Tarô de Marselha ou qualquer baralho do mesmo modelo), repetir o procedimento e pedir novamente ao consulente que tire cinco lâminas (com a face ocultada). Dispô-las na horizontal, embaixo da primeira linha.

Para os dois métodos:

– a primeira linha (superior) corresponde ao plano psicológico;
– a segunda linha (inferior) corresponde ao plano comportamental.

É altamente recomendável a aplicação do segundo método, que se mostra mais rico em nível de análise. Com efeito, costuma-se encontrar lâminas similares nos dois planos. Portanto, a confrontação dos planos psicológico e comportamental é mais significativa e demonstra de maneira irrefutável as correspondências ou, ao contrário, as dissonâncias possíveis entre os desejos (plano psicológico) e as capacidades (plano comportamental).

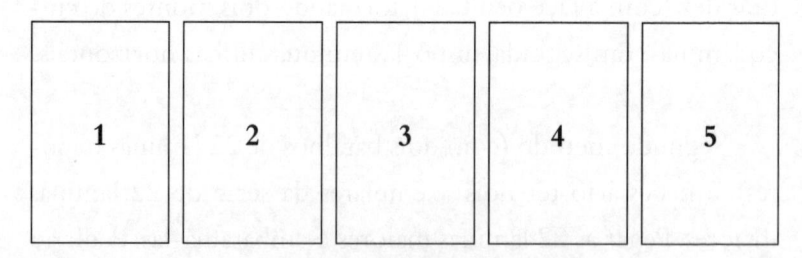

| 1 | 2 | 3 | 4 | 5 |

Plano psicológico: querer
Desejos, anseios, motivações, aspirações.
Medos, angústias, inquietudes, tormentos.

6	7	8	9	10

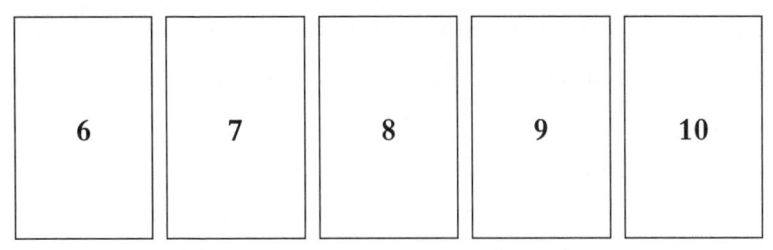

Plano comportamental: poder

Potencialidades, capacidades, meios físicos, qualidades morais.
Incapacidades, inaptidões, defeitos, pontos fracos.

Interpretação

É feita na ordem cronológica da disposição das lâminas, da esquerda para a direita e da linha superior (plano psicológico) para a inferior (plano comportamental).

Conselhos para a interpretação

As lâminas representam tanto desejos, angústias ou sentimentos quanto potencialidades, meios ou incapacidades. Em nenhum caso devem ser interpretadas como se exprimissem realidades. Trata-se de uma tiragem analítica. O tarô é utilizado com um objetivo "pedagógico" de autoconhecimento.

A tiragem da personalidade cumpre plenamente a missão de guia do tarô. Mais do que nunca, sua análise permite dar esclarecimentos ao consulente, mostrar-lhe suas potencialidades, informá-lo sobre seus verdadeiros desejos e medos.

De resto, o plano psicológico deve ser entendido como correspondente ao consciente e ao inconsciente. Trata-se sobretudo de identificar os medos e os desejos inconscientes por meio da interpretação da tiragem da personalidade, mas também de evidenciar a harmonia ou, ao contrário, a desarmonia interna. Pode-se desejar uma coisa e seu contrário... nisso reside toda a complexidade humana!

Sobretudo a comparação entre os planos psicológico e comportamental é enriquecedora e significativa a respeito dos conflitos e oposições com os quais o ser humano costuma ser confrontado. Nisso reside todo o interesse de utilizar dois Tarôs de Marselha, o que permite que apareçam plenamente essas intensificações (a mesma lâmina, na mesma posição, figurando no nível dos dois planos) ou contradições internas (a mesma lâmina na posição correta, em um plano, e na posição invertida, em outro).

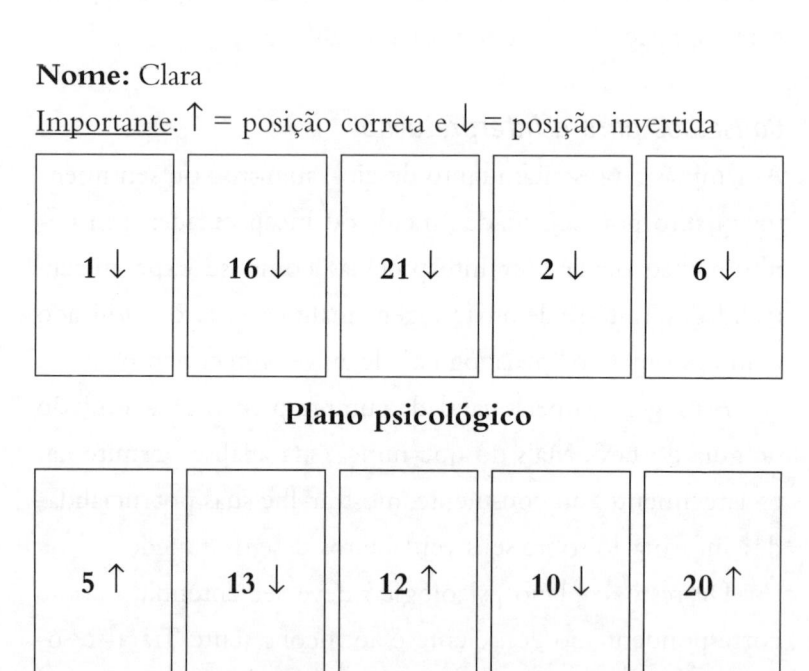

Nome: Clara

<u>Importante</u>: ↑ = posição correta e ↓ = posição invertida

| 1 ↓ | 16 ↓ | 21 ↓ | 2 ↓ | 6 ↓ |

Plano psicológico

| 5 ↑ | 13 ↓ | 12 ↑ | 10 ↓ | 20 ↑ |

Plano comportamental

Nenhuma carta sai duas vezes, mas muitas estão invertidas (7 cartas de 10). Com frequência, a inversão revela desordens internas ou externas. As coisas não estão em seus devidos lugares ou como deveriam estar.

Plano psicológico

Todas as cartas estão invertidas, o que traduz uma verdadeira frustração, porém mal identificada. Clara de fato reconhece que não está plenamente satisfeita com sua vida, mas não sabe exprimir com nitidez o que lhe falta, do que sente necessidade ou ainda o que gostaria de ser, fazer ou viver.

O Mago e a Casa de Deus invertidos podem ser facilmente associados: a ausência de vontade de trabalhar se conjuga com o desejo de permanecer em casa e dela se ocupar. Clara é professora escolar, nesse momento estava de férias e com o espírito mais voltado para elas do que para o trabalho. Na interpretação, nem sempre devem ser buscadas análises profundas e complicadas. Quando uma interpretação corresponde à realidade, é preciso agir com simplicidade e não se exceder.

Clara não se sente totalmente realizada. Há uma sombra em sua felicidade e em seu desenvolvimento pessoal (o Mundo na posição invertida). Tem a sensação de não estar em seu caminho e de não se realizar. Concorda com esse comentário, explicando que, se por um lado sente insatisfação, por outro não sabe exatamente o que poderia preencher esse vazio.

Embora não consiga identificar nitidamente seus desejos profundos ou dar um sentido à sua vida, aspira à ação. Já não quer permanecer nas teorias, nos projetos e nas palavras; quer colocá-los em prática, concretizá-los, passar para a ação (a Papisa na posição invertida). Clara aprova essa interpretação, porém, mais uma vez, evoca a incerteza a respeito do que lhe interessa de fato. Deseja agir, fazer, mas não sabe o quê. O Enamorado na posição invertida transmite bem esse estado de confusão interna. Falta clareza à consulente; ela tem muitas dúvidas, talvez até demais. A carta também pode indicar que ela não tem vontade de investir em sua vida afetiva. Sugiro que talvez ela não esteja muito apaixonada (pelo menos não nesse momento). Casada há vinte anos, Clara responde, sem entrar em detalhes, que é possível.

Plano comportamental

O Sumo Sacerdote oferece a Clara a aptidão para se deixar ajudar, ou seja, para bater às portas corretas e dirigir-se aos bons interlocutores. Explico-lhe que, como o Sumo Sacerdote representa o pai, o mestre e o instrutor, ela é capaz de se deixar acompanhar em suas atitudes externas e internas.

Como vão no sentido de um freio, de uma dificuldade para mudar fundamentalmente e romper as correntes, as três cartas seguintes (Arcano XIII na posição invertida, o Pendurado na posição correta e a Roda da Fortuna na posição invertida) devem ser associadas. Embora sinta vontade de passar para a ação (a Papisa na posição invertida no plano psicológico), Clara não está pronta. É prisioneira de seus vínculos e de seu passado (o Julgamento).

Desse modo, o plano comportamental revela nitidamente que bloqueios internos obstruem sua evolução. Devido à sua dificuldade para formular seus desejos, talvez o obstáculo mais importante – e até mesmo único – seja reconhecer suas verdadeiras necessidades, não ter medo e/ou vergonha.

Como essa tiragem da personalidade levanta uma questão de fundo, Clara escolhe fazer uma Ponta de diamante, perguntando: "Vou encontrar meu caminho?" (ver página 283).

Nome: Marjorie

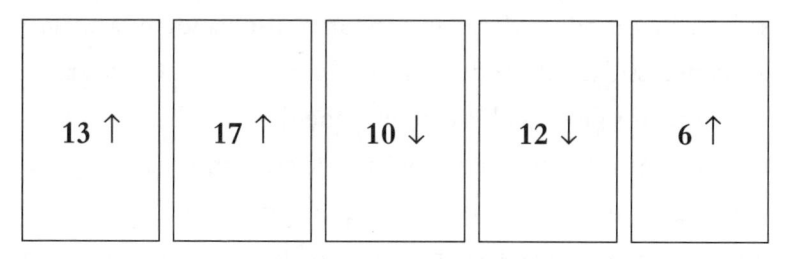

| 13 ↑ | 17 ↑ | 10 ↓ | 12 ↓ | 6 ↑ |

Plano psicológico

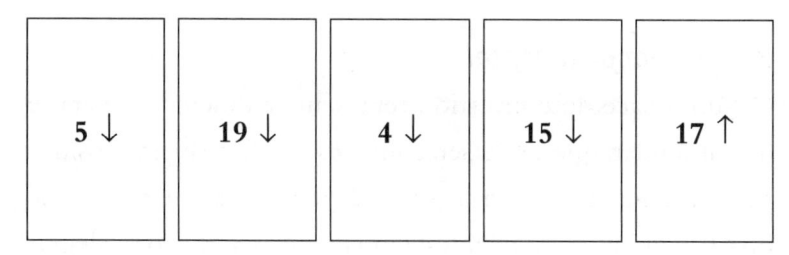

| 5 ↓ | 19 ↓ | 4 ↓ | 15 ↓ | 17 ↑ |

Plano comportamental

Plano psicológico
Marjorie aspira a grandes mudanças. Deseja virar a página e passar para outra coisa (Arcano XIII). Confia em seu futuro e acredita na sorte (Estrela). No entanto, acha que as coisas não acontecem com rapidez suficiente e que tudo leva tempo

demais (a Roda da Fortuna na posição invertida). Quanto a essa primeira parte, Marjorie explica que, após um intervalo de um ano nos estudos, ela irá retomá-los, mudando de orientação. Portanto, está feliz, esperançosa com a perspectiva desse recomeço e com pressa para que chegue ao fim esse ano de espera, que lhe parece interminável.

O Pendurado na posição invertida indica um desejo de ser livre, de libertar-se das obrigações ou dos vínculos muito pesados e incômodos. Marjorie concorda, associando essa análise à sua necessidade de se desligar de alguns amigos. Certos relacionamentos são pesados para ela, que deseja se libertar.

Por fim, o Enamorado mostra sua clareza interna (Marjorie sabe muito bem o que quer e o que não quer) e, sobretudo, que está apaixonada e sente necessidade de se dedicar à sua vida afetiva.

Plano comportamental

O Sumo Sacerdote invertido representa a dificuldade para se deixar ajudar, que pode ser compensada de maneira positiva pela capacidade de assumir sua independência e se virar sozinha. O Sol invertido manifesta uma tendência a não se alegrar facilmente ou a carecer de simplicidade. Marjorie corre o risco de nem sempre estar de bom humor e de não saber aproveitar as pequenas alegrias da vida. Pode ser muito rigorosa e alimentar uma exigência intensificada por frustrações inúteis.

Pode ainda carecer de tenacidade, de perseverança e de resistência (o Imperador na posição invertida). A carta adverte quanto ao risco de começar e não terminar algo. Portanto, se quiser concluir seus projetos, ela terá de lutar contra essa atitude e perseverar.

O Diabo invertido revela certa indiferença e, portanto, uma capacidade de não ceder às tentações, tanto em nível material (boa gestão de seu orçamento) quanto em nível de prazeres físicos (ela é capaz de se dedicar aos estudos, impondo limites a seus momentos de diversão).

Por fim, a Estrela conclui essa análise de maneira muito positiva, sobretudo porque a carta sai duas vezes e, por essa razão, encarna a verdadeira força de Marjorie: a esperança e a confiança no futuro (a Estrela no plano psicológico), a capacidade de aproveitar as oportunidades que se apresentam e de não perder sua chance (a Estrela no plano comportamental).

A TIRAGEM DAS ESTRATÉGIAS

Aplicação: busca de estratégias.
Lâminas utilizadas: as 22 lâminas maiores.
Duração: indefinida.
Procedimento: embaralhar as lâminas e pedir ao consulente que tire quatro (com a face ocultada), concentrando-se em sua pergunta. Em seguida, dispô-las do seguinte modo:

1

A estratégia principal
O que é prioritário desenvolver.

| 2 | 3 | 4 |

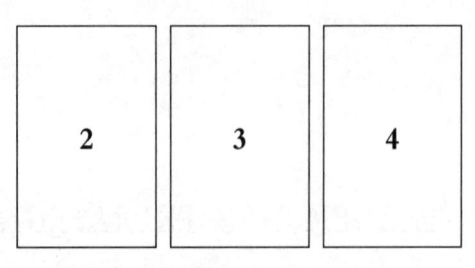

As estratégias secundárias
O que é preciso fazer paralelamente ou em um segundo momento.

Interpretação
As cartas devem ser interpretadas na ordem de colocação, insistindo-se na estratégia principal (primeira carta), ou seja, no que é absolutamente necessário colocar em prática para solucionar seu problema ou ter êxito em seu projeto. As estratégias secundárias são de igual importância entre si. A ordem é indiferente, exceto se forem possíveis algumas associações. Elas complementam a estratégia principal, reforçando-a, mas nunca a substituindo.

Conselhos para a interpretação
Essa tiragem é destinada a determinar a melhor atitude ou reação possível. Responde ao "como": "Como sair dessa situação?", "Como ter êxito?", "Como abordar o problema?", "Como me orientar?". As questões também podem ser formuladas em termos de "devo?": "Devo aceitar esse posto?", "Devo persistir nesse caminho?", "Devo retomar o diálogo?".

As formulações com "como" têm a vantagem de ser mais neutras.

Como para todas as tiragens psicológicas, a participação do consulente é no mínimo bem-vinda, para não dizer recomendável.

Não há duração definida. É a melhor estratégia do momento. No entanto, é evidente que muitas vezes sua prática e seus resultados precisem de tempo; portanto, é desaconselhável refazer a tiragem para a mesma situação em um prazo muito curto (deve-se deixar passar ao menos um mês). Em contrapartida, a tiragem pode ser feita para outras questões ou com outra formulação, caso se comprove que a formulação inicial não foi adequada.

Nome: Claire
Pergunta: "O que devo fazer por meu trabalho?"

9 ↑

A estratégia principal

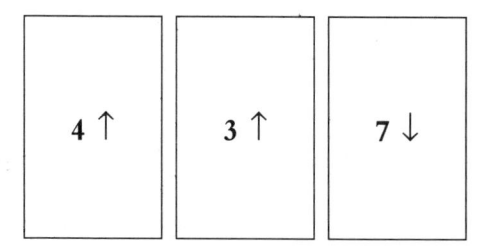

4 ↑   3 ↑   7 ↓

As estratégias secundárias

Claire é estudante e exerce uma atividade profissional paralela. Toma conta dos filhos de um casal de médicos. Nas últimas semanas, trabalhou muitas horas (passou de meio período a período integral) e sente certo cansaço, conjugado ao medo de não conseguir levar ao mesmo tempo seus estudos e seu trabalho. Portanto, considera deixar esse trabalho ou iniciar outra coisa.

A principal estratégia

O Eremita pode ser explicado de diversas maneiras:

1) Claire deve decidir sozinha, sem se deixar influenciar pelas pessoas que a cercam nem pelos pais das crianças de quem cuida, que gostam muito do seu serviço e a pressionam para continuar.
2) Antes de mais nada, Claire deve pensar em preservar sua autonomia e sua liberdade. Se trabalha ao mesmo tempo em que estuda, é justamente para assegurar uma relativa independência financeira. Portanto, a estratégia principal iria mais no sentido de dar prosseguimento à sua atividade profissional, uma vez que ela lhe oferece grande liberdade (ela se ocupa sozinha das crianças, não tem um "chefe" no seu encalço).
3) Por fim, o Eremita a desaconselha a tomar decisões precipitadas. Ela deve dar a si mesma tempo para refletir e, sobretudo, não tomar sua decisão no calor da emoção.

As estratégias secundárias

O Imperador sugere apostar na segurança e evitar mudanças. A Imperatriz a aconselha a se afirmar e se impor mais, recusando, por exemplo, um aumento de horas de trabalho (pois isso é o que mais parece incomodá-la). Por fim, o Carro invertido vai no mesmo sentido: Claire não deve investir demais em seu trabalho; seus estudos devem continuar sendo prioritários. Não deve perder de vista que esse trabalho é apenas um suplemento que lhe permite ter algum recurso financeiro durante seus estudos. Não é sua carreira profissional que está em jogo. Portanto, ela deve relativizar e definir os limites (conjunto de quatro cartas).

Nome: Céline
Pergunta: "Como ter êxito na escrita?"

17 ↑

A estratégia principal

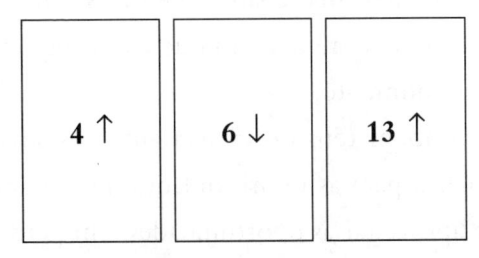

4 ↑   6 ↓   13 ↑

As estratégias secundárias

Céline é escritora e deseja encontrar um editor. Nos últimos dois anos, nenhuma de suas tentativas para publicar seus romances deram resultado. A formulação da pergunta não é clara. Teria sido mais simples perguntar: "Como ter meus livros publicados?". Porém, nesse momento, Céline considera publicar seu trabalho por conta própria e até criar sua editora. Portanto, a pergunta teria sido muito restritiva. Sem contar que a pergunta secundária, a saber, se ela vai encontrar um editor ou se vai editar ela própria seus romances, é a seguinte: "Vou conseguir?". Portanto, a formulação: "Como ter êxito...?" era a mais apropriada.

A estratégia principal

Escaldada por seus repetidos insucessos, talvez Céline tenha perdido toda esperança de encontrar um editor. No entanto, a mensagem do tarô é clara: ela deve ter confiança e realmente acreditar em si mesma e na qualidade de seu trabalho, mas sobretudo acreditar na vida, em sua sorte. Portanto, tem de perseguir o que busca sem perder a fé, permanecendo serena e positiva. Céline terá suas chances aumentadas de maneira considerável se estiver convencida de que será bem-sucedida em suas tentativas. Ao contrário, se continuar suas buscas sem convicção, irá reduzir suas chances de sucesso na mesma medida. É extremamente necessário que ela reencontre a fé que lhe falta nesse momento.

Céline também tem de estar atenta aos sinais da vida. Deve ficar alerta para as oportunidades que se apresentam e ser capaz de aproveitar as oportunidades sem perder tempo.

As estratégias secundárias

O Imperador a aconselha claramente a perseverar em seus esforços, a persistir e a não perder seu objetivo de vista. Portanto, antes de considerar outras soluções (publicar ela mesma seus livros ou criar sua editora), ela tem de persistir em sua busca por um editor, pois ainda não esgotou todas as possibilidades nesse sentido.

O Enamorado invertido lhe recomenda abstrair-se de seus sentimentos ou gostos pessoais. Ela deve ser menos seletiva na escolha dos editores aos quais propõe seus textos. Deve abrir sua mente e não se fechar em um único caminho.

Por fim, o Arcano XIII preconiza uma atitude integral e sem acordos. Ela deve se dedicar totalmente a essa busca, sem fazer as coisas pela metade; deve de fato empregar todos os esforços, mesmo que tenha de cessar suas outras atividades para alcançar seu objetivo. A carta também pode recomendar que mude radicalmente de método. Como a Estrela é a estratégia principal, é necessário que Céline acredite e persevere em suas buscas, mas talvez rompa com antigos hábitos e/ou crenças. Seu passado ficou para trás. Ela deve partir do zero, sem se deixar contaminar por seus "fracassos" anteriores.

A TIRAGEM DAS CAUSAS

Aplicação: busca das causas aparentes e ocultas.
Lâminas utilizadas: as 22 lâminas maiores.
Duração: indefinida.
Procedimento: embaralhar as lâminas e pedir ao consulente que tire seis (com a face ocultada), concentrando-se em sua pergunta. Em seguida, dispô-las do seguinte modo:

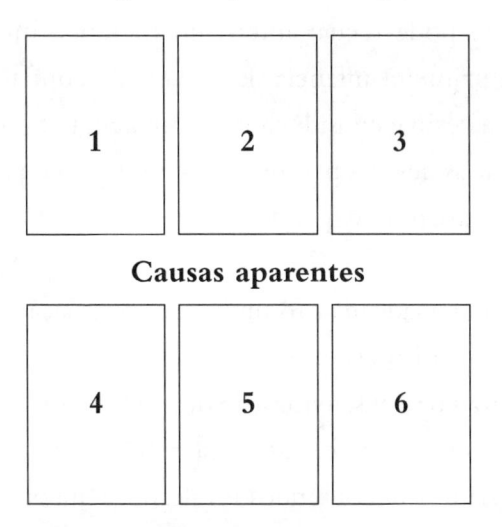

| 1 | 2 | 3 |

Causas aparentes

| 4 | 5 | 6 |

Causas ocultas

Interpretação
As cartas devem ser interpretadas na ordem de colocação, insistindo-se nas causas ocultas.

Conselhos para a interpretação

Essa tiragem se destina a descobrir as causas de uma situação. Responde ao "por quê": "Por que não conseguimos nos comunicar?", "Por que meu corpo me faz sofrer?", "Por que fracasso em meus projetos?". As questões também podem ser formuladas nos seguintes termos: "Quais são as causas de nossa separação?", "De onde vem minha dor de viver?", "De onde vem minha timidez?".

Como para todas as tiragens psicológicas, a participação do consulente é no mínimo bem-vinda, para não dizer recomendável.

Não há duração definida. Trata-se de uma tiragem retrospectiva que pode recuar muito no tempo, à infância e até mesmo à primeira infância. É preciso desconfiar da análise feita sem critério e considerar que a tiragem traz elementos de resposta, faz as devidas perguntas e abre as portas para a introspeção. De fato, tudo depende:

- da gravidade, da profundidade da situação abordada e quão antiga ela é;
- o grau de conscientização do consulente (especialmente no que se refere às causas ocultas que, muitas vezes, apelam para conteúdos recalcados e inconscientes).

Portanto, a interpretação deve sugerir mais do que impor. O consulente é o único que pode apropriar-se das respostas. Se as causas forem reveladas, deverão dar lugar a um sentimento de evidência em sua mente.

Nome: Marie
Pergunta: "Por que nunca tenho dinheiro?"

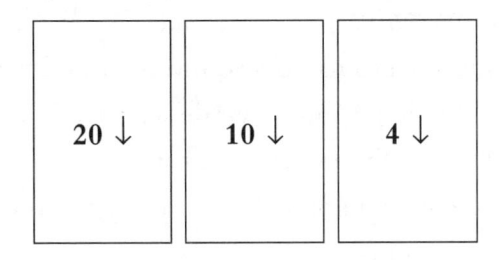

20 ↓	10 ↓	4 ↓

Causas aparentes

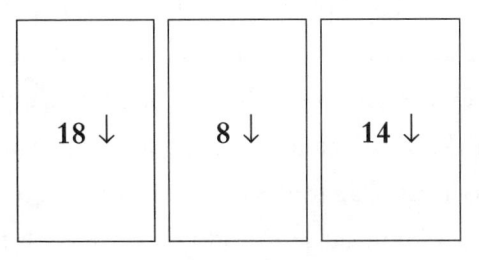

18 ↓	8 ↓	14 ↓

Causas ocultas

Marie fez o teste projetivo antes (ver página 240), e sua tiragem das causas é um complemento a ele. A formulação de sua pergunta não é necessariamente adequada, pelo menos o termo "nunca" é excessivo. Porém, é assim que Marie sente sua situação. Portanto, é preciso respeitar seu sentimento e preservar sua formulação.

Primeira dedução
De imediato, podemos notar que todas as cartas estão invertidas em sua tiragem, o que indica que as causas não são claras, nem nítidas, nem evidentes. É sempre mais difícil interpretar as cartas invertidas. É preciso levar em conta as nuanças e mostrar sutileza na análise.

As causas aparentes
Estando o Julgamento na posição invertida, as dificuldades financeiras de Marie podem provir de sua falta de vínculo com o passado. Ela não foi levada a poupar. Não sabe guardar dinheiro e, portanto, tem dificuldade para economizar, para reservar alguma quantia.

Para ela, as coisas caminham muito devagar (Roda da Fortuna invertida). Apesar de seus esforços para ter êxito, Marie tem a sensação de estar em uma situação que não evolui; eis a razão para a escolha das palavras e, especialmente, do advérbio "nunca" na formulação de sua pergunta. A carta, que sai nas causas aparentes, pode indicar que, no fundo, Marie "nunca" mudou seu modo de ser e de agir no que se refere às suas finanças. Por não ter mudado radicalmente sua atitude, ela continua sofrendo.

Por fim, uma das causas estabelecidas é que ela vive sozinha, não tem um companheiro para ajudá-la (Imperador invertido, pois, na linguagem do tarô, o Imperador representa o homem talvez possível). Para Marie, essa é a causa mais identificada: um homem poderia ajudá-la; é sabido que viver sozinha custa caro e, de maneira geral, dividir as despesas permite ter mais êxito nas finanças.

As causas ocultas

Em geral, e sobretudo nas causas ocultas, a Lua invertida remete a uma problemática relativa à mãe. Além disso, situa as origens do problema na infância. Quando lhe exponho essa reflexão, Marie me explica que sua mãe sempre a desvalorizou, sobretudo no que se refere à sua capacidade de se sair bem em situações complicadas.

Marie não tem nenhuma dificuldade para compreender a Justiça na posição invertida. Para ela, a carta representa seu "karma ruim". De fato, a consulente nutre a crença bem fundamentada de que seus problemas de dinheiro são seu karma, a dívida que tem a pagar.

Meu papel não é aprovar nem desaprovar sua explicação. Ao contrário, indico-lhe que, se está convencida disso, não é de surpreender que não consiga sair-se bem em situações complicadas. Pois, inconscientemente, seus problemas de dinheiro a tranquilizam; pelo menos dão credibilidade à sua tese, ainda que ela tenha de pagar uma dívida kármica e que essa dívida seja financeira. Como bem diz o ditado: "Falta de dinheiro não mata".

Não há dúvida de que Marie não se permite sentir-se confortável do ponto de vista financeiro. Considera que não merece ser "rica", não apenas em razão de suas crenças, mas também por causa de sua mãe, que lhe repetiu inúmeras vezes: "Você nunca será rica".

Por fim, Temperança invertida revela claramente que Marie tem uma relação conflituosa com o dinheiro. Ela o deseja, mas não gosta dele (ver seu teste na página 240). O dinheiro é uma necessidade da qual Marie poderia prescindir. Por conseguinte, ao mesmo tempo em que isso é um problema para ela (não se pode negar que pagar as próprias contas seja uma realidade), também não o é (há coisas muito mais importantes do que ser rica).

Nome: Stéphane
Pergunta: "De onde vem minha agressividade?"

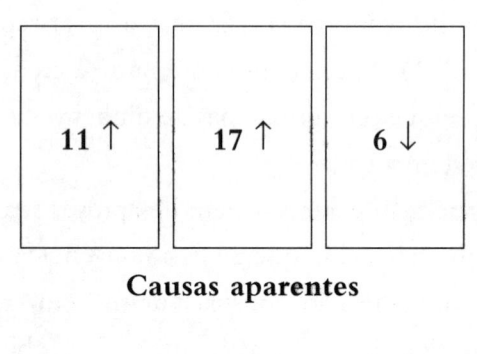

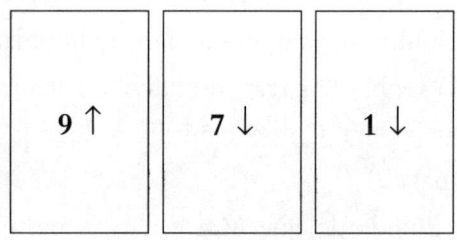

| 11 ↑ | 17 ↑ | 6 ↓ |

Causas aparentes

| 9 ↑ | 7 ↓ | 1 ↓ |

Causas ocultas

Stéphane tem 32 anos, trabalha no atendimento aos clientes de um banco. É casado e pai de um menino de três anos. Há algum tempo, *tem se mostrado irritadiço e, muitas vezes, nervoso. O ambiente em sua casa está tenso. Sua mulher ameaça deixá-lo.*

As causas aparentes

A Força é em si uma qualidade. Traz a Stéphane a tranquilidade, a confiança e o poder. Porém, no âmbito de seu questionamento, também revela sua agressividade. Nem sempre Stéphane utiliza sua energia com discernimento. Não sabe dosá-la. Tem vigor e reais dificuldades para aparar as arestas, atenuar seu modo de se expressar e seu comportamento. Talvez porque veja na flexibilidade ou na adaptabilidade uma marca de fraqueza. Não baixa a guarda. Em grande parte, sua agressividade é defensiva. Seu lema poderia ser: "A melhor defesa é o ataque".

Stéphane concorda.

Nesse contexto, a Estrela é bem mais difícil de interpretar. Em que a energia positiva da Estrela pode originar a agressividade e a violência? Como eu mesma não encontro inspiração para responder a essa questão, pergunto a Stéphane se essa carta lhe diz alguma coisa. Ele a pega e a observa com atenção. Para ele, é evidente que a carta representa a causa principal de sua irritação e dos conflitos que o opõem à sua esposa. A mulher da Estrela é sua esposa, que desperdiça o dinheiro da casa, mais exatamente o dinheiro que ele, Stéphane, ganha, pois ela não trabalha.

Por alguns instantes, conversamos a respeito. O tarô confirma a razão que Stéphane atribui à sua agressividade: sua mulher é a responsável. No entanto, indico-lhe que, nesse caso, trata-se de causas aparentes. O desacordo que o opõe à sua mulher no que se refere à gestão do dinheiro é uma causa real, mas não única e, sobretudo, não a causa profunda.

O Enamorado invertido é interpretado como uma falta de amor, um sofrimento afetivo real ou sentido. A agressividade de Stéphane aumentou em razão de seu sentimento de não ser amado, estimado e considerado como deveria. Talvez a carta também revele a fragilidade dos sentimentos entre o casal. Suas divergências só cresceram. As brigas recorrentes debilitaram seu amor, e essa fragilidade aumentou as tensões. Entraram em um círculo vicioso que deve ser rompido se quiserem salvar sua relação.

As causas ocultas

O Eremita indica a solidão que Stéphane sente, mas também sua dificuldade de falar, de comunicar-se e de dialogar. Por conseguinte, sua única forma de expressão é a verbalmente violenta. Ele não aborda os problemas com tranquilidade. De modo geral, ora se cala, ora grita.

O Carro e o Mago invertidos podem ser associados, pois essas duas lâminas evocam o trabalho. As causas ocultas poderiam muito bem ser relacionadas à sua situação profissional. Quando faço essa observação, Stéphane reage com exaltação. Admite que já não suporta seu trabalho. A pressão é muito grande, sem contar que essa atividade não lhe agrada mais. Sonha em criar seu próprio negócio, mudando radicalmente de caminho. Hesita entre um restaurante, uma pousada ou um centro recreativo, mas de uma coisa tem certeza: não quer mais trabalhar em banco.

Após a análise da tiragem e das explicações de Stéphane, ficou claro que todos os fatores estão interligados na origem de sua agressividade. Stéphane se concentra nas causas aparentes: os conflitos conjugais por causa do dinheiro. No entanto, esquece as verdadeiras razões: seu trabalho, que se tornou insuportável para ele, e a frustração de não poder realizar seu sonho de criar seu próprio negócio. Por conseguinte, os gastos de sua mulher o irritam sobretudo porque o impedem de economizar para financiar seu projeto. Porém, como ele não discute com ela o problema de fundo, ela não compreende o que está em jogo. Portanto, é necessário que Stéphane explique claramente à sua esposa o mal-estar que sente no trabalho e o sonho que nutre.

A PONTA DE DIAMANTE

Origem: tiragem proposta por Denise Roussel, doutora em psicologia (Canadá), que, por sua vez, a retomou de um tarólogo e criador de baralho (Hurley).

Aplicação: análise aprofundada de uma situação, de um tema ou de uma questão aberta: "Minha vida", "minha relação amorosa", "Tenho condições de me sair bem?", "Qual meu desejo mais profundo?", "Estou no bom caminho?".

Lâminas utilizadas: os 22 arcanos maiores.

Duração: um ano.

Procedimento: pegar as 22 lâminas maiores. Após embaralhá-las, o consulente deve tirar (nesse caso, as cartas estão com a face ocultada) ou escolher (nesse caso, as cartas estão com a face descoberta) 13 delas, concentrando-se em sua vida ou em sua pergunta. Em seguida, a tiragem é disposta em ponta de diamante ou em três linhas, segundo o esquema simplificado que propus.

Interpretação: se as lâminas tiverem sido tiradas com a face ocultada, é feita pelo guia, que institui um diálogo e leva em conta as reações de seu consulente; caso as lâminas tenham sido escolhidas com a face descoberta, a interpretação é feita segundo o método da verbalização. Essa segunda interpretação exige mais tempo e, nessas condições, a tiragem por si só merece uma consulta completa.

Em todos os casos, a interpretação respeita a ordem da tiragem das lâminas e as seguintes correspondências:

Carta 1 – o Sol: a problemática em jogo, o centro do mundo atualmente para o indivíduo, a natureza de sua pergunta, seu principal investimento.

Carta 2 – a Lua: a face desconhecida da situação, o que o indivíduo não vê, a dimensão inconsciente de sua pergunta.

Carta 3 – a Terra: o indivíduo, sua posição em relação à sua questão, sua maneira de ser atual, seu eu.

Carta 4 – Júpiter: os fatores favoráveis, as vantagens, as forças, as potencialidades, o que há de bom na questão ou na situação.

Carta 5 – Saturno: os fatores desfavoráveis, as fraquezas, as faltas ou os excessos, o que há de negativo na questão ou na situação.

Carta 6 – Vênus: o ideal do indivíduo, o que ele espera, suas expectativas, seus objetivos e propósitos conscientes e, sobretudo, inconscientes.

Carta 7 – Marte: a agressividade, a determinação, a combatividade, a ação.

Carta 8 – Mercúrio: o conselho vindo de cima, a solução intuitiva, o caminho a seguir.

Carta 9 – Netuno: o provável futuro, o porvir programado, os condicionamentos do indivíduo.

Carta 10 – Urano: as mudanças a serem produzidas para melhorar o futuro.

Carta 11 – Vesta: os fatores que faltam para o bem-estar e/ou para atingir seus objetivos.

Carta 12 – Plutão: o resultado do futuro.

Carta 13 – O ascendente: a nova partida, o ciclo seguinte.

A ponta de diamante
segundo a disposição de Hurley

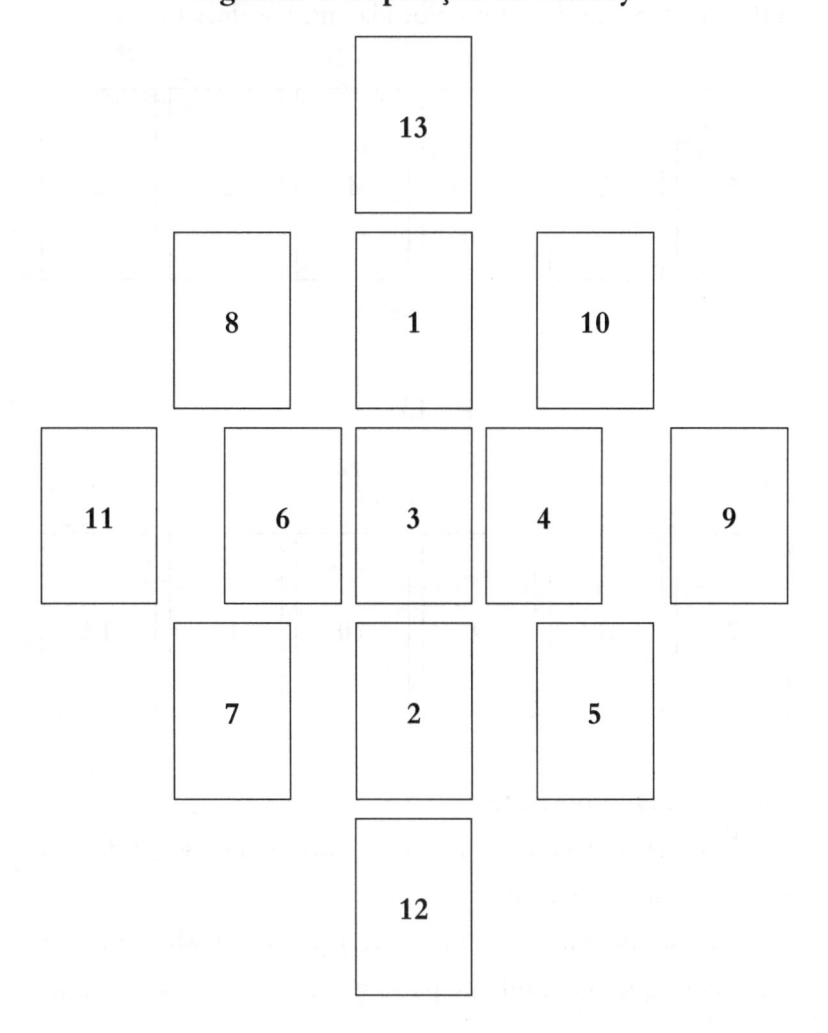

A ponta de diamante
Esquema simplificado

Dada a complexidade da disposição (e, sobretudo, do sentido da leitura) das lâminas, proponho um esquema simplificado. Basta dispô-las em duas linhas de seis lâminas, sendo que a décima terceira deve ser colocada entre as duas linhas.

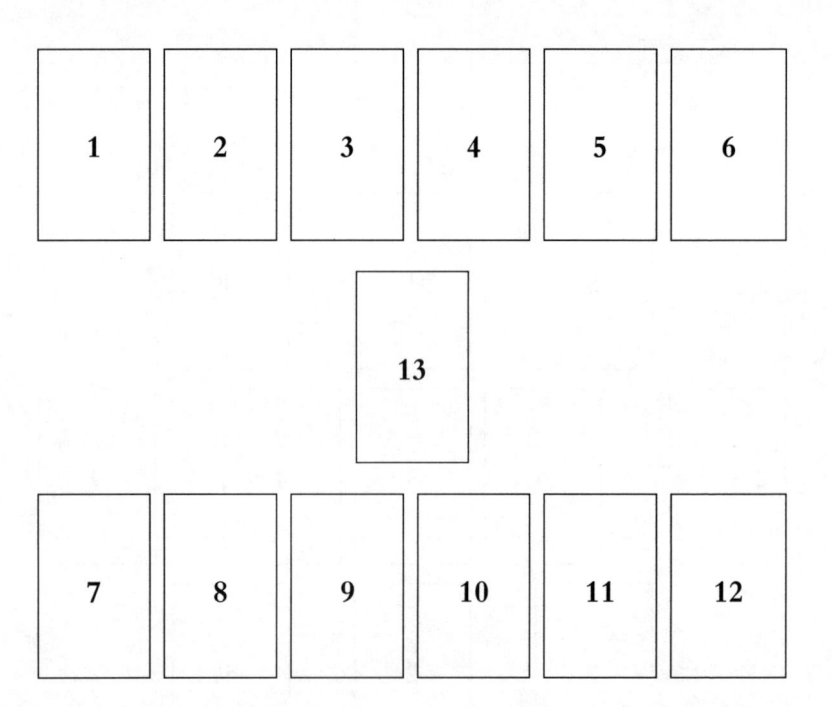

1	2	3	4	5	6

			13			

7	8	9	10	11	12

Observações importantes:
  É preciso analisar com calma cada arcano segundo sua posição e aprofundar sua leitura.
  Mesmo no âmbito de uma interpretação clássica, convém fazer com que o consulente participe, convidando-o a reagir.

Nome: Clara
Pergunta: "Vou encontrar meu caminho?"

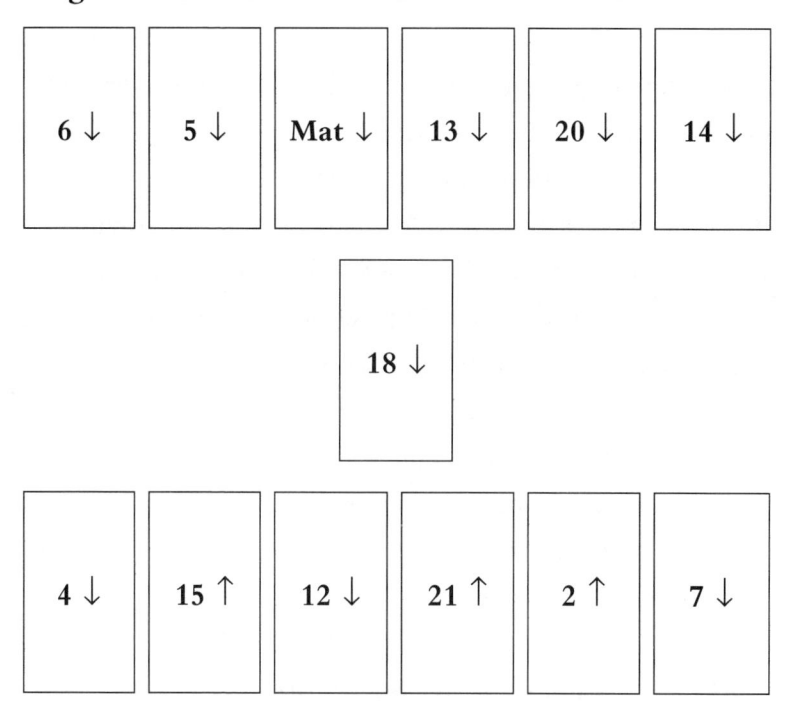

| 6 ↓ | 5 ↓ | Mat ↓ | 13 ↓ | 20 ↓ | 14 ↓ |

| 18 ↓ |

| 4 ↓ | 15 ↑ | 12 ↓ | 21 ↑ | 2 ↑ | 7 ↓ |

A tiragem da personalidade feita antes por Clara revelou que ela não se sente plenamente satisfeita, que não consegue realizar-se (ver página 254). Eis a razão para a sua pergunta: "Vou encontrar meu caminho?".

Tal como sua tiragem da personalidade, a primeira constatação é o número elevado de cartas invertidas (10 ↓ e 3 ↑). Portanto, pode-se fazer o mesmo comentário: muitas vezes, a inversão revela desordens internas ou externas. As coisas não estão em seus devidos lugares ou como deveriam estar.

Carta 1 – o Sol: O Enamorado ↓

O problema manifesto de Clara, pelo menos aquele do qual ela tem consciência, é sua confusão interna. Ela não sabe exatamente o que quer ou talvez até saiba, mas tem dificuldade para fazer escolhas ou tomar as decisões necessárias. O Enamorado invertido também pode revelar seu sentimento predominante: ela não gosta do que faz, do que tem ou do que é. Não está "apaixonada" por sua vida. Talvez também esteja menos apaixonada por seu cônjuge (ou sente que está menos), sugestão já feita em sua tiragem da personalidade.

Por fim, como a carta corresponde ao Sol, para Clara, "encontrar seu caminho" significa basicamente estar em harmonia consigo mesma e com as pessoas que a cercam, fazer o que gosta. O que, pelo menos a seus olhos, não é seu caso, pois o Enamorado está invertido.

Carta 2 – a Lua: O Sumo Sacerdote ↓

A face oculta de sua problemática é que ela não se sente suficientemente valorizada, apoiada, aprovada e, sobretudo, reconhecida. O Sumo Sacerdote invertido revela uma falta evidente de reconhecimento. Essa falta – que em grande parte é inconsciente – pode ser real (ela não é valorizada o suficiente), por parte das pessoas que a cercam, ou sentida (e, nesse caso, pode residir nela há muito tempo, talvez até desde sua infância).

Em seu caso, encontrar o próprio caminho equivale a ser reconhecida pelo que ela faz e pelo que ela é. O desenvolvimento pessoal passa pelo reconhecimento externo. Não se trata apenas de satisfazer desejos egoístas, mas de contribuir com sua pedra para a construção do edifício, de desempenhar um papel na sociedade dos homens.

Carta 3 – a Terra: O Louco ↓

Clara não é ativa o suficiente. Seu imobilismo a impede de se realizar. Ela não ousa tomar uma nova iniciativa, abandonando o que a incomoda para se lançar em busca de seus sonhos. Provavelmente, seu argumento será que ela não sabe qual é o seu sonho e, por conseguinte, é difícil iniciar alguma coisa. No entanto, a carta correspondente à Lua (o Sumo Sacerdote invertido) revelou sua busca: ela tem de se expor mais para obter o reconhecimento de que precisa.

Carta 4 – Júpiter: O Arcano XIII ↓

Clara não é destrutiva. Sabe discernir e não resolve seus problemas de maneira brutal ou violenta. Os fatores favoráveis sempre dão lugar a uma interpretação positiva. Em seu caso, sua resistência à mudança prova que ela não age de maneira leviana, que pode encontrar seu caminho sem questionar tudo em sua existência, conservando e protegendo o que considera importante. A revolução não é necessária.

Carta 5 – Saturno: O Julgamento ↓

Em contrapartida, o que pode prejudicar seu desejo de encontrar seu caminho é a projeção sistemática no futuro, ou seja, a procrastinação. De maneira consciente ou não, ela nutre a crença de que não pode encontrar seu caminho hoje ou de que as condições atuais não lhe permitem fazê-lo. Desse modo, é levada a adiar. Não está suficientemente no aqui e agora. Os fatores desfavoráveis sempre dão lugar a uma interpretação negativa: assim, a projeção no futuro representa para Clara se não um perigo, pelo menos um impedimento à sua realização pessoal.

Carta 6 – Vênus: A Temperança ↓

É particularmente difícil interpretar Temperança invertida como ideal, sobretudo no caso de Clara, que é uma mulher conciliadora, não violenta e levada a aparar as arestas. Nessas condições, seu ideal, provavelmente inconsciente ou, pelo menos, não assumido, é romper essa fachada de docilidade e compreensão, rebelar-se, pôr tudo em pratos limpos e desfazer uma imagem de perfeição. Ela tem necessidade de perturbar e despertar as consciências. Pode ser militando em favor de uma causa, engajando-se politicamente ou ainda por meio de uma expressão artística não conformista ou de vanguarda.

Talvez Clara tenha sido ponderada por muito tempo e seja chegada a hora de ser realmente ela mesma, ainda que correndo o risco de desagradar. No fundo, Clara já não quer estar no jogo da sedução, sobretudo não ser ou fazer o que os outros esperam dela, mas ser ela mesma e fazer o que lhe agrada.

Carta 7 – Marte: O Imperador ↓

Sua principal arma é seu não apego ao seu papel, ao conforto e à segurança. Clara é capaz de se expor, de assumir riscos, de se colocar em perigo, mais do que imagina ou se permite imaginar. Talvez o que impede seu Imperador invertido de se exprimir seja sua preocupação com os outros e até mesmo com sua imagem; eis a razão para Temperança invertida como ideal, ou seja, para essa necessidade de cessar de conciliar, de agradar e proteger. Para que seu Imperador invertido (sua capacidade de assumir riscos) possa se revelar, é preciso que, paralelamente, ele alcance seu ideal (não mais agir em função dos outros).

Carta 8 – Mercúrio: O Diabo ↑

Seguindo a lógica da tiragem de Clara, o conselho vindo de cima, com o Diabo, é "ser menos ponderada". Terminou o tempo em que ela era um "anjo" (Temperança invertida); é preciso permitir a si mesma tornar-se "um diabo". Evidentemente, trata-se de uma metáfora. O tarô não aconselha Clara a desenvolver suas inclinações ruins, se é que ela as tem, e sim a sair da obediência, a deixar que seus desejos se exprimam, a não ter medo de fazer isso e a não demonizar suas aspirações.

Com o Diabo, Clara também deve pensar em agradar a si própria. Seu caminho deve ser agradável, para não dizer prazeroso. O tarô lhe diz: "Faça algo que lhe agrade!".

Carta 9 – Netuno: O Pendurado ↓

Clara deveria conseguir libertar-se do que a detém. Pelo menos, tem condições de fazê-lo. Não há nenhuma razão para que não alcance a libertação. Se permanecer prisioneira, será de suas próprias correntes internas.

Portanto, a alegria, a grande alegria, está bem próxima dela.

Carta 10 – Urano: O Mundo ↑

A principal missão de Clara é encontrar seu caminho, colocar seu desenvolvimento pessoal no centro de suas preocupações, privilegiar a busca de sua realização. E é justamente essa a sua pergunta: "Vou encontrar meu caminho?". Para encontrá-lo, terá de buscá-lo de maneira ativa, sem esperar um sinal da vida. A transformação virá de dentro, e não de fora. Seu destino não está escrito; é ela quem o escreve a cada dia.

Clara quer dar um sentido à sua vida (tal como prova sua pergunta). Tem consciência de que viver não é simplesmente levantar-se todas as manhãs, ocupar-se de suas obrigações, satisfazer-se com prazeres fáceis e deitar-se à noite. Quer dar outra dimensão à sua existência. O Mundo lhe indica que ela já cumpriu parte do caminho, pelo menos no que se refere a essa conscientização.

Carta 11 – Vesta: A Papisa ↑

Clara deve consagrar mais tempo a seu enriquecimento intelectual e espiritual. Deve engajar-se em uma formação guiada ou autodidata.

Carta 12 – Plutão: O Carro ↓

Não obstante, Clara continuará a não se sentir realizada em seu trabalho. O fato poderia parecer secundário. Ela poderia considerar sua atividade profissional apenas um ganha-pão e encontrar sua realização em outro lugar. No entanto, o Sumo

Sacerdote invertido (a face oculta de sua problemática) nos indicou claramente uma necessidade de reconhecimento. Portanto, seu caminho deve ser explorado à luz do dia, sem deixar um talento oculto ou pouco explorado. Ela deve sair da dimensão do lazer para entrar na dimensão social.

Quer seja uma atividade artística (Clara pinta), quer social (Clara se sente atraída pela sofrologia*, pela relação de assistência e pela espiritualidade), ela deve nutrir uma verdadeira ambição em seu caminho e considerar um exercício profissional de seus talentos. Seu desenvolvimento pessoal passa por uma mudança de atividade profissional.

Carta 13 – O ascendente: A Lua ↓

Se não for assim, Clara continuará a se sentir frustrada e até infeliz. Além disso, seus talentos inexplorados minarão sua criatividade. Ela perderá esperança e inspiração.

Desse modo, sua ausência de desenvolvimento profissional é mais problemática do que ela imagina. Sua necessidade de reconhecimento deve ser satisfeita e passa inevitavelmente pelo exterior. Em vez de fazer o que não gosta (o Enamorado invertido), Clara deve pensar mais em si mesma, em seu prazer, no que é importante para ela (o Diabo). Essa escolha passa pelo abandono de certa imagem, pela rebelião e pela libertação (Temperança invertida e o Pendurado invertido). Ela deve pensar menos nos outros e mais em si mesma.

---

* Estudo da consciência humana. (N.T.)

Nome: Khadidja
Pergunta: Meu futuro

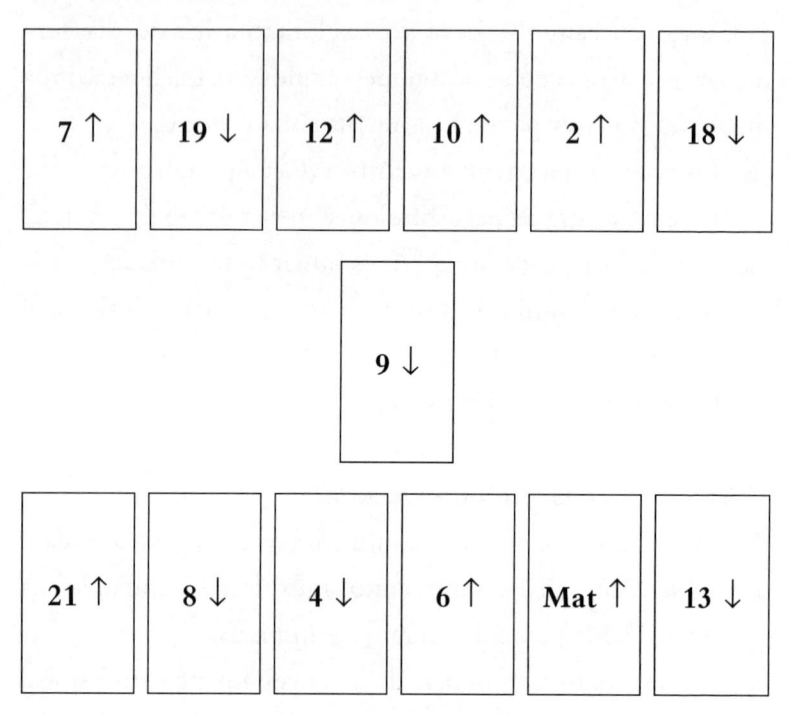

| 7 ↑ | 19 ↓ | 12 ↑ | 10 ↑ | 2 ↑ | 18 ↓ |

| 9 ↓ |

| 21 ↑ | 8 ↓ | 4 ↓ | 6 ↑ | Mat ↑ | 13 ↓ |

Khadidja tem 34 anos. É arquiteta, solteira e sem filhos.

Não quis fazer uma pergunta precisa; em vez disso, escolheu abordar seu futuro em geral.

Carta 1 – o Sol: O Carro ↑

Khadidja encontra-se em pleno êxito profissional. Gosta do que faz e é bem considerada na empresa em que trabalha. Sua carreira profissional é importante. Dedica-se muito à sua atividade e é ambiciosa, pois aspira ao posto de chefe de projetos.

Carta 2: a Lua: O Sol ↓

Contudo, por trás do sucesso manifesto delineia-se uma insatisfação latente. Khadidja não está muito feliz. Pelo menos, há uma sombra em sua felicidade.

Khadidja reage à minha análise apresentando sua situação afetiva, que está se tornando cada vez mais pesada para ela. Embora não sofra por não ter um parceiro, sente-se angustiada com a ideia de não conseguir estabilizar-se e, sobretudo, fundar uma família. A perspectiva de não ter filhos a aterroriza.

Portanto, a problemática de Khadidja parece emergir: ela deseja que o futuro lhe traga uma relação amorosa estável, que lhe permita satisfazer seu desejo de maternidade.

Carta 3 – a Terra: O Pendurado ↑

O problema da Khadidja é evidente, uma vez que o Pendurado revela os bloqueios internos e externos para a realização de seu desejo. Como se dedica muito ao trabalho, não tem tempo para se consagrar à sua vida sentimental. Por mais importante que seja seu desejo, ela não quer renunciar à sua carreira profissional. Sugiro-lhe que as coisas talvez não sejam tão divididas e que ela pode conciliar as exigências de sua profissão com as de sua vida pessoal. Ela se mostra cética.

Carta 4 – Júpiter: A Roda da Fortuna ↑

O principal trunfo de Khadidja para dar a seu futuro a orientação que ela deseja é sua flexibilidade e sua capacidade de adaptação. Tem condições de enfrentar positivamente os acontecimentos à medida que se apresentam.

Em comparação com sua problemática e com as lâminas anteriores, a Roda da Fortuna aconselha a Khadidja que ceda, que não tente controlar ou planejar tudo e deixe a vida seguir seu curso com naturalidade, sem interferir.

Em outros termos, se a vida colocasse um homem em seu caminho, ela saberia adaptar-se, conciliar sua vida profissional com a sentimental, desde que renunciasse a organizar e dirigir tudo.

Khadidja me diz que tudo isso é muito bonito, mas que ela já tem 34 anos e que os anos para realizar seu desejo de maternidade estão contados.

Respondo-lhe que a Roda da Fortuna significa justamente deixar que as coisas aconteçam em seu ritmo (portanto, o contrário de seu raciocínio). Se antes mesmo de encontrar um homem ela já faz dele um pai, está colocando a perder todo projeto de futuro com ele.

Carta 5 – Saturno: A Papisa ↑

Com a Papisa, temos a confirmação como fator desfavorável de que o que prejudica a realização dos desejos de Khadidja é sua propensão a refletir, planejar e organizar em excesso.

Ela mentaliza e intelectualiza demais. Não deixa seu coração falar o suficiente. Tudo é submetido ao que dita a razão.

Pergunto-lhe se seu desejo de maternidade é verdadeiro ou submetido aos códigos sociais e familiares.

Ela se mostra manifestamente irritada com minha pergunta e responde com rispidez que são ambas as coisas. Insisto, interrogando-a qual das duas tendências é mais importante para ela: a vontade de ter um filho ou de estar em uma norma preestabelecida. Ela me diz que não sabe.

Após alguns segundos, acrescenta: "Todas as pessoas que me cercam têm filhos".

Faço-a notar que talvez essa seja a resposta à pergunta que lhe fiz anteriormente. Ela dá de ombros.

Carta 6 – Vênus: A Lua ↓

É em casos como esse que sempre me impressiono com a extraordinária pertinência do tarô. Ainda que Khadidja tenha escolhido uma formulação genérica ("meu futuro") para não revelar nada de suas preocupações profundas, o tarô põe o dedo em sua insatisfação por trás do verniz de seu êxito social. Khadidja exprime, então, seu desejo de ser mãe. Porém, mais uma vez, o tarô mostra que esse desejo é muito mental, muito intelectual, talvez exagerado para um desejo de maternidade. Khadidja não admite por completo esse fato. Como para confirmar as revelações anteriores, o ideal do indivíduo se opõe ao desejo de maternidade. Na realidade (pelo menos segundo a análise do tarô), Khadidja não aspira a ser mãe. Todavia, esse é o desejo que ela formula.

Levanto esse paradoxo.

Ela me diz que, na realidade, nesse momento se dá conta de que, mais do que ser mãe, o que deseja é "ser e agir como todo mundo". Além disso, tem certeza de que, se não tiver um filho, um dia se arrependerá. Admito que isso é possível, mas não certo.

Carta 7 – Marte: O Mundo ↑
Sua principal arma é sua motivação e sua ambição. Se for animada por um objetivo, tudo se torna possível para ela. Khadidja manifesta sua incompreensão. Explico-lhe que a carta indica que, quando quiser realmente uma coisa, arranjará os meios de obtê-la. Para fundamentar minhas palavras, cito seu sucesso profissional. Ela aprova. Desse modo, se ela quiser mesmo fundar uma família, conseguirá, mas não é certo, pelo menos por enquanto, que o quer realmente. De resto, é por essa razão que nunca se empenhou seriamente em um relacionamento amoroso. Consagrou toda a sua energia a perseguir seu ideal (o Mundo), que, até então, era realizar-se em seu trabalho.

Carta 8 – Mercúrio: A Justiça ↓
O conselho vindo de cima se dá na lógica das cartas anteriores: Khadidja deve se desfazer do peso das conveniências, emancipar-se das regras, dos códigos e das leis. Tem de assumir o que é e se libertar do olhar dos outros. Deve desejar as coisas por si mesma, e não em função dos critérios externos.

Carta 9 – Netuno: O Imperador ↓
O futuro provável revela sua dificuldade para se estabilizar (afetivamente, pois, do ponto de vista profissional, ela não tem esse problema).
Ao ouvir essa interpretação, Khadidja empalidece. Explico-lhe que nada é inelutável, que ela pode mudar o curso das coisas, mas que essa mudança passa por uma análise de suas motivações profundas.

Carta 10 – Urano: O Enamorado ↑

A principal missão de Khadidja é deixar seu coração falar. Deve refletir menos sobre seu futuro, principalmente sobre aquele sentimental. Em se tratando de amor, deve seguir os impulsos de seu coração, sem segundas intenções nem planos futuros e sem submeter a relação nascente ao jugo de suas expectativas.

Nessas condições, sendo mais simples, mais espontânea e mais amorosa, ela pode modificar o curso das coisas e talvez conseguir construir uma relação afetiva estável.

Carta 11 – Vesta: O Louco ↑

O que falta a Khadidja para atingir seus objetivos e não mais sentir essa insatisfação latente que lança uma sombra em sua vida (o Sol invertido) é lançar-se na aventura, sem nenhuma ideia preconcebida, mergulhar de cabeça, ousar. O Louco confirma a interpretação feita com o Enamorado.

Carta 12 – Plutão: O Arcano XIII ↓

Khadidja deve ser paciente. Não deve exercer uma pressão permanente em sua vida afetiva, apresentando o argumento de sua idade. Não pode gerir sua vida afetiva como geriu até então sua vida profissional. Trata-se de dois universos totalmente diferentes, em que os códigos em vigor não são os mesmos.

Carta 13 – O ascendente: O Eremita ↓

A carta lhe oferece oportunidades reais de encontros. Nem tudo é estabelecido pela sorte, longe disso.

Observando o conjunto de sua tiragem, poderíamos pensar que Khadidja não aborda o problema pelo viés correto. Em se tratando da vida amorosa, ela não pode decidir tudo, pela simples razão de que essa é uma história escrita a duas mãos. Antes de pensar em fundar uma família, ela deve abrir seu coração, ir em direção ao outro, conceder tempo e importância à sua vida afetiva. O resto virá por si só. É preciso proceder por etapas.

Por fim, Khadidja sorri. Esse modo de encarar as coisas retira toda a pressão que ela havia colocado sobre seus ombros. Chega até a reconhecer que seus últimos fracassos amorosos se deveram a essa pressão. Compreende que não se deve colocar a carroça na frente dos bois e que o amor não deve ser administrado como uma carreira profissional. Sente uma serenidade que não experimentava havia muito tempo.

A TIRAGEM RELACIONAL

Aplicação: essa tiragem é particularmente indicada para problemas de comunicação, decisões a serem tomadas no que diz respeito a um casal, de uma relação de amizade, uma associação etc.

Lâminas utilizadas: as 22 lâminas maiores.

Duração: um semestre.

Procedimento: procede-se tanto por escolha (faces descobertas) quanto por tiragem (faces ocultadas). Após embaralhar as 22 lâminas maiores, o consulente deve tirar (nesse caso, as cartas estão dispostas com a face ocultada) ou escolher (nesse caso, as cartas estão com a face descoberta) quatro cartas, concentrando-se em sua pergunta.

Interpretação: em função da escolha do método empregado, o consulente comenta suas escolhas (trabalho – faces descobertas) ou participa da análise (tiragem – faces ocultadas).

A primeira carta corresponde ao eu, ou seja, ao indivíduo: quais são seus sentimentos, como ele se situa quanto à relação, quais são suas expectativas, suas esperanças e/ou seus temores.

A segunda carta representa o outro, seja ele uma pessoa física, seja uma entidade (um grupo de pessoas, a família, uma empresa). Tal como a primeira carta, define a atitude, o posicionamento, a percepção etc.

A terceira carta evoca a relação, a qualidade do vínculo, os interesses partilhados ou as dissensões.

Por fim, a quarta carta informa a respeito da evolução da relação, o que é possível esperar dela, seus eventuais limites, seu desenvolvimento no tempo.

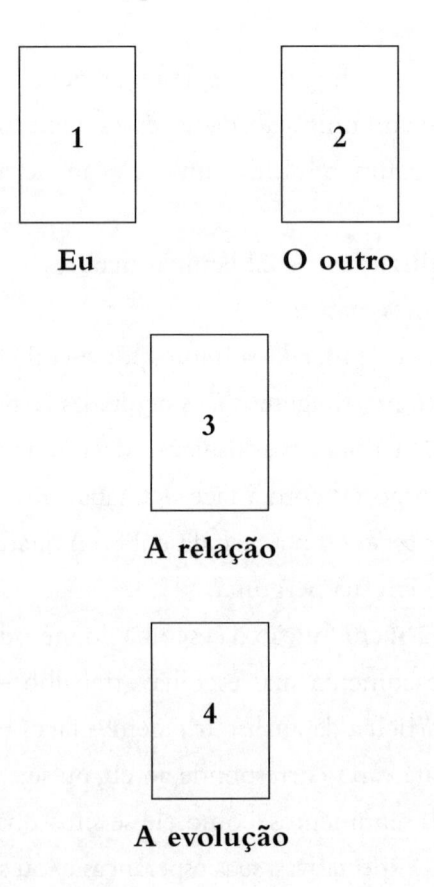

1	2
Eu	**O outro**

3
A relação

4
A evolução

Nome: Arthur
Pergunta: "A relação com meus colegas vai melhorar?"

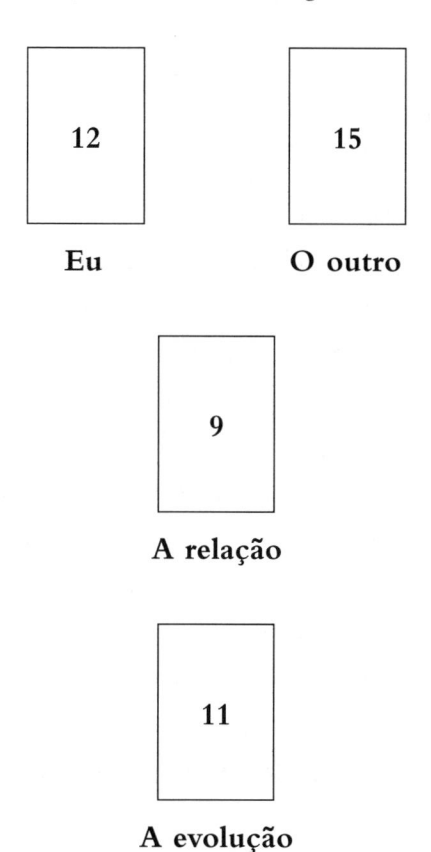

12	15
Eu	O outro

9
A relação

11
A evolução

Arthur assumiu um novo cargo há seis meses. Se por um lado o trabalho lhe convém e corresponde às suas expectativas, por outro ele sofre desde sua chegada com a maneira pouco acolhedora como o tratam dois colegas, com os quais partilha o mesmo escritório. Sente-se excluído e sofre humilhações cotidianas. Arthur tem 46 anos e teme não encontrar outro emprego. Por outro lado, sente cada vez mais dificuldade para suportar a atmosfera reinante e acha que não conseguirá aguentar essa situação.

Dispus as 22 lâminas maiores com a face descoberta, e Arthur escolheu suas cartas sem muita dificuldade, menos para a relação (O Eremita).

Eu: O Pendurado

Corinne: Você escolheu o Pendurado para se representar. Pode me explicar as razões de sua escolha?

Arthur: É exatamente o que sinto. Estou imobilizado, bloqueado. Na realidade, estou pendurado. Na relação, não posso fazer nada. Estou de pés e mãos atados. Por outro lado, não posso sair para ir a outro lugar. Não foi nada fácil encontrar esse trabalho, e não quero recomeçar a procurar outro. Além do mais, gosto desse emprego. Não estou a fim de deixá-lo só porque dois imbecis estragam o ambiente.

C.: Qual é a corda que suspende você?

Arthur franze as sobrancelhas. Especifico:

C.: Se você está pendurado, qual é a corda que suspende você?

A.: As obrigações sociais. Não posso me permitir bancar o difícil. Não é fácil encontrar trabalho. Fiquei quase um ano desempregado. Foi dureza!

C.: Mais do que ter de suportar a atitude dos seus colegas?

Arthur demonstra uma ligeira hesitação antes de responder afirmativamente.

C.: Você não parece convencido.

A.: Sim, sim, foi mais difícil, bem mais difícil. Por nada nesse mundo quero passar por isso de novo.

O outro: O Diabo
Tento descobrir as razões de sua escolha.
A.: Meus colegas são ruins como ele.
C.: Como quem?
A.: Como o diabo.
Arthur pega a carta e a observa com atenção.
A.: Têm exatamente o mesmo sorriso... De desprezo. É isso, um pequeno sorriso no canto da boca, cheio de desprezo! Não dizem nada abertamente, mas lançam olhares e trocam sorrisos de cumplicidade quando entro na sala ou quando falo algo.

A relação: O Eremita
A.: Não sei muito bem por que peguei essa carta.
Espero, mas Arthur, que até então se exprimiu com facilidade, permanece em silêncio.
C.: No entanto, você a escolheu.
A.: Sim, mas não sei dizer por quê.
C.: O que você vê?
A.: Bem, um homem, meio velho, caminhando. Tem um ar de preocupação.
C.: Como ele se chama?
A.: O Eremita.
C.: O que isso significa?
A.: Que é sozinho... Acho que é por isso que escolhi essa carta. O Eremita sou eu. Estou só diante dos meus dois colegas.

Também sou velho. Enfim, em relação a eles. Acho até que é por isso que não gostam de mim.

C.: Por que você é mais velho do que eles?

A.: Sim.

C.: Disseram isso a você?

A.: Não, mas é o que sinto.

Espero antes de passar para a carta seguinte e fazer meu comentário sobre sua análise.

A evolução: A Força

A.: Gosto muito dessa carta. Foi por isso que a peguei.

C.: Na tiragem, ela corresponde à evolução.

A.: Sim. Gostaria que as coisas se arranjassem, que melhorassem, que acontecesse algo positivo.

C.: Você está dando uma resposta positiva à sua questão: "As relações com meus colegas vão melhorar?".

A.: Sim, acredito que sim. E preciso acreditar, do contrário, não vou aguentar.

Arthur sorri, confiante. Pede-me uma confirmação:

A.: Isso significa que as relações vão melhorar?

C.: Pelo menos significa que é o que você deseja e é algo em que acredita. Portanto, é capaz de agir ou reagir positivamente para que as coisas melhorem. A carta também lhe diz que você é mais forte do que imagina.

A.: Pode ser.

C.: A carta se chama "A Força". Você tem dentro de si uma força que desconhece. Uma força que pode lhe permitir suportar a situação mesmo que as relações não melhorem.

Uma força que você deve utilizar para se afirmar mais, sofrer menos ou ser menos vulnerável. Também deve utilizar essa força para abordar os problemas com seus colegas.

Decido voltar ao Eremita. Mostro-lhe a carta e prossigo:

C.: Você diz que eles acham você velho demais. É o que você pensa. Eles não lhe disseram isso. Deveria conversar com eles a respeito. Sem rodeios. Essa é a mensagem da Força. É preciso ter mais confiança em você mesmo, lutar e parar de se curvar. Enfrente a situação. Tenha uma conversa franca e clara com eles.

A.: E se eles negarem?

C.: Não sabemos. Você imagina que eles poderiam negar. Assim como imagina que o acham velho demais.

A.: Tudo bem, mas eles podem negar.

C.: Sim. Neste momento, o que a Força lhe aconselha?

A.: Ser forte.

C.: Ou seja?

A.: Não me deixar afetar ou falar a respeito com nosso superior.

Nome: Catherine
Pergunta: "Vou reatar com Cyril?"

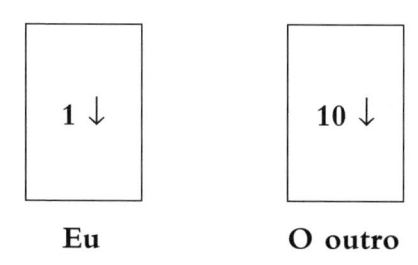

1 ↓	10 ↓
Eu	O outro

```
┌─────┐
│ 20 ↑│
└─────┘
```
A relação

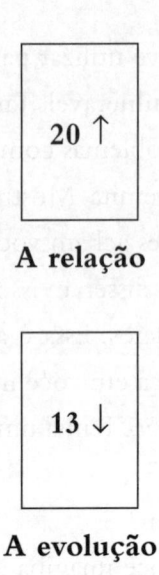

```
┌─────┐
│ 13 ↓│
└─────┘
```
A evolução

Catherine e Cyril romperam há duas semanas.
Catherine preferiu tirar as cartas com a face ocultada.

Eu: O Mago ↓

Catherine aparece como passiva. Não age o suficiente, não toma nenhuma iniciativa pessoal e, por fim, sofre a situação.

Aceita minhas explicações indicando que foi Cyril quem partiu e que ela não quer dar o primeiro passo. No entanto, deseja que ele volte.

O outro: A Roda da Fortuna ↓

Cyril aparece como sendo tão passivo quanto Catherine. Portanto, há pouca esperança ou razão para que ele tome a iniciativa de reatar a relação.

Comparando ambas as cartas, é possível estimar que Catherine bloqueie a si mesma (o Mago invertido corresponde a uma atitude passiva), enquanto Cyril é bloqueado por seu ambiente ou pela vida (a Roda da Fortuna invertida corresponde a atrasos ou bloqueios externos).
Catherine concorda. Cyril não é livre.

A relação: O Julgamento ↑

A carta remete ao passado. Portanto, ambos têm um passado em comum.

Catherine explica que, mesmo com altos e baixos, sua relação já dura oito anos.

O Julgamento traduz, ao mesmo tempo, a ideia da longa duração dos vínculos e, portanto, de um apego, de uma profundidade na relação, mas também um funcionamento em que ambos se estabeleceram e que os impede de evoluir, pois adquiriram maus hábitos.

A evolução: O Arcano XIII ↓

A carta indica justamente o risco de tudo continuar da mesma maneira. Não há interrupção – portanto, talvez a ruptura atual não seja definitiva –, mas tampouco há verdadeiras mudanças. Desse modo, existe o risco de tudo continuar na mesma situação, que já não convém a Catherine.

Ela confirma que é exatamente o que teme. Portanto, contrariando a formulação escolhida, a questão não é saber se vão reatar (fato que parece incontestável para Catherine), mas se Cyril vai se divorciar para se empenhar de fato em sua relação.

O Arcano XIII invertido vai no sentido de suas dúvidas. Ao final de oito anos de espera, Catherine já não acredita em verdadeiras mudanças, em um verdadeiro empenho por parte de Cyril.

Ela mesma atribui sua conclusão à tiragem, reconhecendo que precisa parar de cobrir o sol com a peneira e virar essa página de uma vez por todas.

Conclusão

Como citei Guillaume Apollinaire como referência em minha dissertação universitária, deixo a ele a tarefa de concluir esta obra:

"Todo o mundo é profeta, meu caro André Billy,
Porém, há muito tempo fazem as pessoas acreditar
Que não têm futuro, que são ignorantes
E idiotas de nascença.
Que cada um se resigna e ninguém tem sequer a ideia
De se perguntar se conhece o futuro ou não.
Não há espírito religioso em tudo isso
Nem nas superstições, nem nas profecias
Nem em tudo o que se nomeia ocultismo
Antes de tudo, há uma maneira de observar a natureza
E de interpretar a natureza
Que é muito legítima."

Guillaume Apollinaire,
Calligrammes, **1918**

PARA ENTRAR EM CONTATO COM A AUTORA:

www.ecole-corinne-morel.com

PRÓXIMOS LANÇAMENTOS

Editora
Pensamento
SÃO PAULO

Para receber informações sobre os lançamentos da
Editora Pensamento, basta cadastrar-se no site:
www.editorapensamento.com.br

Para enviar seus comentários sobre este livro,
visite o site
www.editorapensamento.com.br
ou mande um e-mail para
atendimento@editorapensamento.com.br